光尘
LUXOPUS

Eight Improbable Possibilities

奇 观

The Mystery of the Moon,
and Other Implausible Scientific Truths

月球之谜、宇宙之始及生命的起点

John Gribbin

［英］约翰·格里宾 著

张玫瑰 译

北京联合出版公司
Beijing United Publishing Co.,Ltd.

谨以此书献给
此类科学奥秘的伯乐——
史蒂夫·格斯特

目 录

当你排除了所有不可能，剩下的必然是真相，
无论它看似多么不可能。

——《绿玉皇冠案》（*The Adventure of the Beryl Coronet*）
阿瑟·柯南·道尔（Arthur Conan Doyle）

序 知识的尽头

　　科学是一门探索未知的学问。当某个科学理论被推翻的消息赫然成为各大报纸头条，在大众眼中变成科学界的又一次"滑铁卢"时，我那些非科学家出身的朋友偶尔会向我们投来同情的目光。前不久，科学家发现宇宙其实正在加速膨胀，现有的宇宙大爆炸模型过于简单，需要修改。听到这个消息，我的朋友曾替我惋惜："那么漂亮的理论居然是错的，你一定很伤心吧？"完全不会！当有新的证据涌现，暗示我们可能需要用新的理论来解释这个世界时，优秀的科学家高兴都来不及，怎么会伤心呢？正是那些源源不断的新想法，构成了科学的命脉。如果所有理论都完美无缺，并且准确无误地阐释了这个世界（我指的是整个宇宙，不光地球），那么科学家早就没事可干，可以退休了。

你可能会想，科学家怎么还没失业呢？我们对这个世界已经了如指掌，还有什么需要他们探索的吗？历史告诉我们，做人一定要谦虚，不能自满。19世纪末，物理学家们普遍认为，有了牛顿力学和麦克斯韦电磁学这两大支柱，我们已经吃透了物理世界的所有基本规律，没有什么需要后人去发现的。1894年，以测量光速闻名的美国物理学家迈克耳孙（Albert Abraban Michelson）说：

现在就说"未来物理学不会再有比过去更惊人的奇迹"显然言之过早，但是事实很有可能是，我们的前辈已经建立起牢固的理论大厦，大多数基本原则都已成形，留给后人去做的就是将这些理论严格套用到他们所看到的所有物理现象上。这个时候，测量学的重要性越发突出。物理学界更加需要的是定量研究，而不是定性研究。某位著名的物理学家甚至说，未来的物理学真理，要到小数点第六位之后去寻找了。

上述言论刚发表不久，科学家就发现了 X 射线，狭义相对论、广义相对论、量子力学也相继诞生。这些伟大的科学奇迹，绝对比过去的经典理论更令举世震惊。幸好迈克耳孙在第一句话里给自己留了点余地，否则老脸都要挂不住了。经过这次"打脸"，科学家们学会了永远不要说：留给后辈去做的，只有一些零碎的修补工作。

但是，为什么我们知道得越多，有待发现的就越多呢？让我打个比方，假设你面前有一张很大的白纸，纸上有一个小圆圈，这个圆圈代表我们对这个世界的全部认知，我们知道的一切都在圆内，我们不知道的一切都在圆外，我们知道得越多，这个圆圈就越大，周长也变得更长，这意味着已知与未知的边界在扩大。正如满匙爱乐队（Lovin' Spoonful）在《她依然是谜一般的女子》（*She is Still a Mystery*）中唱的："我看到得越多，我没看到的也就越多。"因此，在可预见的未来，科学家依然任重道远。他们需要建立更多假说（或猜想），持续进行实验或观测，排除不正确的猜想。

每当出现激动人心的宇宙观测数据，证实爱因斯坦的猜测是对的（媒体总喜欢以"爱因斯坦是对的"为标题），相对论者会不会很兴奋？或多或少吧。不过，如果有观测结果跳出来唱反调，说广义相对论固然很好，但它并不总是对的，他们会更兴奋。这就是实验的意义。科学家们做实验，不是为了"证明爱因斯坦是对的"，而是为了找到理论不适用之处。

因此，不管媒体怎么大做文章，好的科学家做实验，从来不是为了证明自己心爱的理论是对的[1]，而是为了找到它们不适用的地方。那里往往蕴藏着尚未探知的奥秘，等待科学家们去挖掘（如果他们好好挖，说不定会挖到一个诺贝尔奖）。

美国物理学家理查德·费曼（Richard Feynman）有一段很著名的话：

如果它与实验相悖，它就是错的。这句话听着简单，却是科学研究的关键。不管一个猜想有多美，不管提出猜想的人是谁，不管他有多了不起，不管他有多聪明，只要这个猜想与实验相悖，它就是错的。

---

1. 当然，不好的科学家就会这么干。放心，他们绝不会出现在我的书里。

这段话与柯南·道尔的名言不谋而合。科学家正是通过实验（或观测）来消除不可能的猜测，《天演论》的原作者赫胥黎（Thomas Henry Huxley）将这称为"科学的巨大悲剧——用一个丑陋的事实，杀死一个美丽的假说"。

不过，一个好的科学家不会像道尔那样，把话说得如此绝对。一旦排除了所有不可能，从人类现有的认知水平来看，剩下的极有可能是真相，但不一定是最终的真理，也许只是又一个美丽的假说，尚未遇到将其扼杀的丑陋事实罢了。在接下来的阅读中，请读者始终牢记这一点，并随我将视线转向一些（基于人类现有的认知）看似不可能的真相上。

约翰·格里宾

2020 年 5 月

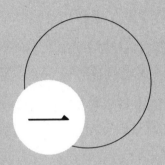

月亮的奥秘

日全食是我们在地球上所能看到的最瑰旎壮观的天文景象之一。它之所以壮观，是因为此时的月球和太阳在我们眼中看起来一样大，也正因为一样大，月球从太阳前面经过时，可以完全覆盖太阳盘面，令太阳瞬间光芒尽失，只留下外缘的日冕发出银白的光晕。但是，为什么我们如此幸运，能看到此等天文奇观？为什么我们与月球之间的距离如此恰到好处，正好看见月球与太阳一般大，看见它将太阳完全挡住，产生了日全食？这些问题越想就越觉得匪夷所思，因为巧合这东西毫无逻辑可言，也不是你想求就求得来的。在这个罕见的天文时刻，月球诡诡然走到完美的点位，上演一出日全食的大戏；这时，人类文明出现了，不早不晚，恰逢其时，这出戏从此有了观众。在最初的地质年代，月球离地球很近，近到它看上去比太阳还要大，连日冕的"风华"也被它盖过；在遥远的未来，月球将离地球很远，远到它看上去无比渺小，凌到太阳表面时，只看得到一个小黑点。虽然这听上去很不现实，但是我们的确是在对的时间，出现在对的地点，撞见这惊心动魄的一幕。这一切，皆缘于一个"巧"字。

归根结底，地球上的生物能够有幸看到日全食，还是因为月球本身够大。月球是从地球"母亲"身上剜出去的"亲骨肉"，至今仍是太阳系中已知最大的卫星。鉴于双行星的形成机制，许多天文学家甚至认为月球应该与地球平起平坐，和地球并为一个双行星系统，而不是被视为地球的卫星。

太阳和太阳系孕育于"云团"之中。太空中存在许多原始气体和尘埃云，在自身引力作用下坍缩成圆盘，大部分物质汇集形成了圆盘的核心（太阳），其他尘埃和冰粒遗留在圆盘中，不断碰撞合并，因引力而逐步汇集成越来越大的颗粒，最终形成行星，没用完的材料则"抱团"组成了更小的天体，比如小行星和彗星。到了行星形成后期，太阳系开始变得没那么和睦了。原行星绕太阳运行的轨道上充斥着无数瓦砾碎石，在"逐日"的道路上，它们要勇敢地"冲锋陷阵"，扫清轨道上的各路障碍，同时承受它们的轰炸。想知道当时轰炸的场面有多惨烈，只要看一眼坑坑洼洼的月亮表面，你心里就大致有数了，只不过月球在太阳系行星大体成形以后才诞生，没赶上最"兵荒马乱"的年代，无法完全体现当时的惨烈程度。

除了地球以外，太阳系中还有其他行星，如火星、木星、土星，它们也都有围绕其旋转的卫星。与月球相比，它们的身世可就简单多了。火星在形成过程中，显然留下了一些小碎片，它们后来形成了小行星，并被火星捕获。木星和土星是比火星大得多的巨行星，它们的卫星也比火星的大得多。巨行星往往有多个卫星，组成一个壮观的卫星系统。就像行星绕着太阳转一样，卫星系统也绕着巨行星转，在局部"拉帮结派"，形成一个"小太阳系"。

和别的卫星比起来，月球是一个另类：它的直径是地球的四分之一，不像其他卫星与其行星相差那么悬殊，而且它"出生"的方式很独特，明显跟"别人"

不一样。关于月球的身世之谜，目前最合理的解释是，地球在形成后的几百万年内，曾与另一颗火星大小的年轻行星相撞，这一次猛烈撞击产生的热量，熔化了原地球才刚形成的地壳，摧毁了来势汹汹的入侵行星。入侵行星的重金属核心与地核融为一体，逐渐凝聚成一个核心密度大、地壳极薄的新星体。新星体地壳之所以薄，是因为原地球与入侵者相撞（天文学家形象地将其称为"大冲撞"）导致双方星体表面熔化，熔化后混合在一起的熔融物在碰撞冲击下向外飞溅，有些完全逃逸到宇宙空间，有些停留在地球周围，形成一个环带，从中孕育出月球。至于这个过程花了多长时间，我们只要借助计算机，就能很快算出来。模拟结果告诉我们，撞击之后一个月内就能形成类似于月球的天体。通过测定月岩样本，我们推算出这场惊天动地的碰撞发生在大约44亿年前，它不仅孕育了月球，还导致地轴严重倾斜，地球飞速自转，四季因此形成。

所有这一切赋予了地球许多独特之处。金星位于地球与太阳之间，大小跟地球差不多，但是外壳很厚，金属内核很小，磁场弱到可以忽略不计，自转一圈243天。地球外壳薄，内核大，磁场强，自转周期相对较短，还有一个很大的卫星，这些特征组合在一起，形成了一个得天独厚的完美星球，完美得像一场"阴谋"。我们的星球是太阳系中的异类，由一连串极不可能的巧合堆砌在一起，这些巧合全都跟月球有着千丝万缕的关系，对地球的各方面产生着深远影响。

以地壳的厚度为例，你可能觉得它没什么，但它其实用处很大。地球的外壳薄到可以像蛋壳一样裂成许多碎块，并在液体层（上地幔）对流的带动下漂移，这个过程就是板块构造学说里的板块移动。因为薄，地壳碎块（板块）的边缘经常有火山喷发，将二氧化碳、水蒸气等气体释放到大气中。地壳开裂的地方通常位于海底，那里不断有岩浆上升并凝结，顺着裂缝往两边扩散，将老地壳推开，形成新地壳。尽管如此，地壳并未无限地扩张变大，因为在世界的其他角落，尤其在大陆边缘，地壳俯冲，将水分子和碳酸盐岩带回地球深部，重熔再生形成岩浆，借火山喷发再次进入大气，周而复始，循环往复。

然而，循环的周期并不是固定的。从空气中吸收二氧化碳等气体的过程被称为风化作用，比如二氧化碳溶解于水，与岩石中的矿物质发生反应，生成碳酸钙（石灰岩）。我们都知道，大气中的二氧化碳是一种温室气体，它会吸收热量，使其无法向外层空间发散，导致地球表面变暖。巧的是，气候变暖会加快风化作用，消耗更多二氧化碳，从而给地球降温；地球一凉下来，风化作用随之转弱，空气中的二氧化碳越积越多，温度便又上去了；温度一上去，风化作用跟着变强，二氧化碳也消耗得更多。多亏了板块构造带来的"负反馈"，地表温度能够维持在一个适合液态水长期存在的范围（不幸的是，板块构造运动太缓慢，无法迅速抵消人类活动排放的二氧化碳，将我们从自己造的孽中解救出来）。要不是那场撞击将地球"剥一层皮"，孕育了月球，削薄了地壳，给了它得天独厚的板块构造，地球可能会跟我们的邻居金星一样，变成一个炙热而死寂的沙漠，大气中全是二氧化碳。

我们要感激月球的不光这一条。通过分析在地球内部传播的地震波，我们能够算出地球的固态内核有多大——它以铁、镍为主，直径约为 2400 千米，顶部与地表的距离为 5200 千米，外面被大约 2500 千米厚的液态外核包围着，这个厚度几乎是内核顶部与地表距离的一半。内外核共同构成了占地球质量三分之一的地核，其中有一部分来自月球这个"父亲"。

地球上的所有生命（包括人类在内）能够偏安于太阳系一隅，都要感谢那一层外核。它由液态铁、镍组成，温度约为5000℃，只比太阳表面的温度低一点。它能维持这么高的温度，靠的是放射性元素衰变产生的热量，如太阳系形成期遗留下来的钍、铀元素。外核液态金属不断流动产生电流，再加上地球自转形成旋涡，最终产生了地球磁场。

地球的磁场实际上是一个力场，保护我们的星球免受来自太空的伤害。太阳会喷发大量带电粒子，吹向整个太阳系空间，刮过地球和其他行星。这些带电粒子流有一个很直白的名字——"太阳风"（solar wind），它们大多数时候以几百千米每秒的速度运动，到了被称为"太阳风暴"（solar storm）的爆发期，速度可高达1500千米每秒。太阳宇宙射线[1]本质上跟核爆炸产生的粒子辐射是一样的，如果不是被地球磁场屏蔽在外，它们早就吹走地球最外面的大气层，直达地表，严重威胁到地球上的生命，陆地生物可能因此全部消失。

1.太阳活动产生的高能粒子流，又称"太阳高能粒子"，主要成分是质子和电子，也包括少量其他核成分。（译者注）

地球周围受磁场保护的区域被称为"磁层"，它对应的英文名是"magnetosphere"，直译过来就是"磁球"，这么叫其实不太恰当，因为向着太阳这一面的磁场被强劲的太阳风压得扁扁的，背对太阳那一面的磁场却不受压迫，自由自在地向着远处的空间延伸，犹如拖着一条长长的尾巴，因此它实际上不是球形的，而是状似一只蝌蚪。向着太阳的这一面，地球磁场与太阳风之间的边界线（地球这艘"太空船"的船身）距离地表 64000 千米。背对太阳的那一面，边界线几乎延伸至月球。有一些太阳高能粒子会"钻空子"，从南北磁极处混入高层大气。大多数时候，它们只会激发绚丽的极光，不足为虑，碰上太阳风暴期却会威力大增，影响高纬度地区一切用电的东西。它们扰乱无线通信，袭击电力系统，导致加拿大等地断电。但是，如果某天磁层突然失效，全世界都会遭殃，不光高纬度地区。

有大量地质学证据表明，过去地磁场曾突然消失又恢复（这里说的"突然"参照的是地质学的时间尺度），恢复后要么维持原磁极不变，要么南、北磁极反转，后者值得引起警惕。某些经火山喷发后冷却凝固的古老岩石记录了地磁场的演化历史，给后人留下了重要的证据。在冷却凝固的过程中，有些岩石受到地磁场的磁化，拥有像磁铁一样的磁性，其磁场方向和成岩时的地磁场方向一致，其中一部分磁性稳定的岩石，经过漫长的地质时期，完整地保留了这种记录。科学家可以借助各种测定成岩年代的方法或工具，绘制出地磁场逐渐变弱直至消失的时间线。通过对生物化石的研究，我们发现当地磁场变弱时，许多陆栖动物随之灭绝，海洋里的生物却不受影响。对此，人们自然而然地会想到，磁层屏障作用减弱，导致太阳辐射增强，陆地生物因暴露在致命的"炙烤"中而灭绝，然而海洋生物活在海水里，比陆地生物多了一层防护，因此逃过一劫。即使这种假设是错的，也改变不了磁场变弱会导致动物种灭绝的结论。一个不太妙的消息是，最近几十年来，地磁场出现减弱的趋势，速度基本在每 100 年减弱 5% 至每 10 年减弱 5% 之间。按照这个速度，地球磁场可能在 200 ~ 2000 年这一时间段彻底消失。

　　月球的直径为地球的四分之一，质量却只有地球的八十分之一，原因之一是在那次大撞击中，质量大的重元素沉入地核，质量小的碎片则飞溅到太空中形成了月球。不过，如果不看绝对质量，只看卫星与行星的质量之比，月球算是整个太阳系里最大的卫星[1]。自大撞击以来，月球的引力一直影响着地球的构造。今天，人们看到的最明显的影响来自潮汐力。不过，月球现在对地球的牵引已经小了很多。与遥远的过去相比，今天的潮汐涨落只相当于那时大海里的小涟漪。

今天，月球与地球之间的距离超过了 384000 千米。计算机模拟结果显示，月球刚形成时，与地球只隔了 25000 千米。那时，它不仅能让大海出现剧烈的潮汐起伏，还能拉扯地球上的固态物体，从地表往下 1000 米的岩石层都逃不过它周期性的拉拽与压迫。起初，月球引力拉扯产生的热量使地球上的岩石在大撞击后长期处于熔融的状态，汇聚成一片"火海"，随着潮汐一同涨落。这个过程用到的能量来自月球的轨道能量，随着轨道能量逐渐丢失，月球对地球的牵引变弱，并逐渐远离地球，潮汐的幅度变得越来越小，越来越温和。大撞击过去约 100 万年后，地球终于形成了坚硬的地壳。

---

1. 如果你想说冥王星和卡戎的质量之比更大，我只能很遗憾地提醒你，它们是一个双矮行星系统，而不是行星和卫星的关系。

由于这次撞击，初始时（月球的幼年期）地球自转很快，一天只有 5 小时左右。今天，地球上的海水每天有规律地升落 2 次，掀起的潮水约 1 米高，一次潮汐涨落的时间大致是半天，具体受当地海岸线的地形影响，但是在月球形成之初（距离撞击约 100 万年后），地球每 2.5 小时就会涨一次潮，浪高数千米。约 5 亿年前，海洋中的生物开始爬上陆地。4 亿年前，地球的一年有 400 天，这两个数字巧得令人难忘。当时，地球自转的速度比今天快 10%，一天仅 21 个多小时。然而，在月球形成后的几十亿年里，有一样东西一直不曾变过，那就是地轴的倾斜角，这依旧与月球有着千丝万缕的联系。

玩过陀螺的人都知道，一个倾斜的物体在围绕中心轴旋转时，偶尔会发生摇晃，或者摆动（wobble）。地球摆动的形式不止一种。前面提到过，一个火星大小的行星曾狠狠地撞上地球，不仅将它给撞歪了，还撞飞了一些岩石，那些岩石后来形成了月球。地球被撞歪以后，地轴与公转轨道平面[1] 的垂线形成约

---

1. 即"黄道面"，地球绕着太阳公转的轨道平面。（译者注）

23.4° 的夹角，并且全年朝同一个方向倾斜。当它绕着太阳公转时，它倾斜的方向有时正好对着太阳，有时又不对着太阳，但这不是真正意义上的"摆动"，如果你想象地球一直不动，是太阳在绕着地球转，你就能理解我为什么这么说。地轴倾斜是四季形成的原因——当某个半球离太阳最近时，那里是夏天，另一半球是冬天；当它离太阳最远时，那里是冬天，另一半球是夏天。

我之所以克制地说地球"全年"朝同一个方向倾斜，而不说它"几百万年来"始终如此，是因为它每隔几万年就会出现轻微的摆动。这才是真正意义上的摆动，对地球生物有着不可思议的影响，我们会在《奇观·八》中详细介绍。在这里，我更好奇的是，为什么地球摆动的幅度这么小？因为月球对地球起到了稳定作用，用自身引力约束地球的摇晃幅度。太阳系里的行星（和卫星）之间都通过引力相互拉扯，随着行星在轨道上移动，引力拉扯的强弱也会发生变化，小一点的行星（如地球和火星）极易受更大天体（如太阳和木星）的束缚。如果太阳系里围着太阳转的只有地球和火星，那么它们会一直"忠贞不贰"地围着它转下去，不会"摇摆不定"。然而事与愿违，太阳系里还有一个巨大的木星，它与太阳之间存在着引力拉锯，即使这种拉锯幅度很小，也可能通过一种被称为"混沌"（chaos）的现象诱发剧烈的摇摆。关于混沌理论，我将在《奇观·六》中予以介绍。

火星没有相对较大的卫星做它的"稳定器"。计算机模拟结果显示，它有时会一下子突然倾斜到45°（这里的"一下子"在地球上大约是10万年的时间），有时会慢悠悠地倾斜到60°。今天，很多太空轨道探测器已经将火星表面的特征研究得一清二楚，我们就算不借助计算机模拟，也能通过天文观测结果知道，火星自转轴倾斜角曾有过很大的变化。有了来自火星的观测数据证明计算火星倾斜的模型是对的，我们对类似的地球模型也更有信心。那些模型告诉我们，如果没有月球，地轴倾斜角会在10万年的时间里从0°变成90°，引起气候的巨大变迁。当一个极点指向太阳，该极点所在的半球将持续处于炎热难耐的白昼，另一半球则处于天寒地冻的黑夜。6个月后，风水轮流转，白天与黑夜将颠倒，曾经太阳永不落下的热带，将处于冰雪永不消融的黑夜。但是，多亏了月球的稳定作用，自陆地上出现生命以来（有化石为证），甚至从更遥远的过去算起（根据计算机模型推测），这种极端的气候从未发生过。

　　当然，天下没有长久的好事。月球"维稳"已经超过40亿年了，现在它正步履坚定地远离地球，以约4厘米每年的速度向外移动，对地球施加的稳定作用也随之减弱。我们用计算机模拟推导出，从现在算起，大约20亿年后，月球的引力将再也无法与木星抗衡，届时地球的倾斜角将剧烈摆动，这就回到了我开篇时提到的《奇观》——太阳比月球大400倍，太阳与地球的距离也比月球与地球的距离大400倍，一切巧得像个"阴谋"。

　　很久以前，在恐龙生活的年代，月球看上去远比现在大得多，到了日全食时分，它能够很轻松地完全挡住太阳。那时，人类还没有出现，因此无人注意到天边那一轮比太阳还要大的月亮。等到离现在不算太遥远的未来（那时地轴仍较为稳定，还未因木星的引力而剧烈摆动），在日全食期间，月球边缘将套上一圈清晰可见的光环。那时，人类也许已经灭绝了，也许还存在着，还能见证那美丽的景象。不可思议的是，在漫长的地质岁月中，我们不早不晚，恰好在这最美好的时刻出现，看见了全宇宙最精彩绝伦的风景。更为不可思议的是，地球上能够有生命存在，正是托了月球的福。若不是它给了地球稳定的力量，我们就不可能坐在这儿看风景。这些巧合发生的概率几乎为零，但是并非完全不可能，因为它确实已经发生了。

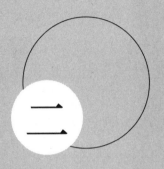

二

宇宙之始
犹可知也

今天，宇宙起源于一次"大爆炸"（Big Bang）的说法如此深入人心，以致"大爆炸"三个字几乎随处可见。比如，撒切尔夫人执政期间，曾大刀阔斧地放松对金融市场的管制，给伦敦金融业带来了翻天覆地的变化，并引发了全球金融自由化浪潮，英国人将这场影响巨大的改革称为"金融大爆炸"。但是，极少有人想过宇宙是否有起点，因为这听上去跟天方夜谭一样，直到1个世纪之前才开始有科学家认真思考这个可能性，50年前才有人提出关于宇宙起源的假说。

当古人抬头仰望星空时，看到的似乎一成不变。

银河系，一个由几千亿颗恒星组成的"岛屿"，直到20世纪20年代仍被人们视为整个宇宙。在这座浩渺的"宇宙岛"[1]中，也许有一颗恒星正悄然诞生或消寂，但是宇宙中是多了一颗星星，还是少了一颗星星，并不会改变它的模样；正如森林里是多了一棵树，还是少了一棵树，并不会影响它的疏密。于是，人们很容易就被宇宙的表象蒙蔽，误以为它是恒定不变的。这样的信仰根植于每个人心中，就连敢于打破常规的爱因斯坦也深信不疑。他将广义相对论的方程应用于整个宇宙（包含一切空间和时间），算来算去，得到的结果都暗示着，宇宙要么在膨胀，要么在收缩，不可能静止不变。在他看来，宇宙绝不可能膨胀或收缩。为了让一切保持静止，他往方程里加了一个额外的系数——"宇宙学常数"。

20世纪20年代初，望远镜的改良、摄影技术的进步，让人们发现银河系只是散布在广袤空间中的众多恒星岛之一，而非整个宇宙。即便如此，情况依然符合静态宇宙模型，只不过尺度更大了。然而，到了20

---

1. 宇宙岛是历史上对星系的一种称呼，将宇宙比作海洋，星系比作岛屿。（译者注）

世纪 20 年代末，乔治·勒梅特（Georges Lemaî-tre）发现了星系（严格地说应该是"星系团"）正在远离彼此；埃德温·哈勃（Edwin Hubble）通过红移现象也得出相同的结论，两人的发现说明宇宙正在扩大，这被归结为空间拉伸所致，完全符合爱因斯坦提出的方程，只不过是拿掉宇宙学常数之后的方程。后来，爱因斯坦将他引入的这个常数称为自己毕生"最大的错误"。尽管难以置信，但是宇宙确实正在膨胀。

但是宇宙正在膨胀，难道就代表它一定有起点吗？这倒不见得。一些宇宙学家认为，今天星系正在远离彼此，意味着很久以前，它们曾凝聚成一团，像一颗"宇宙蛋"[1]，某天突然炸开来，蛋壳四飞，从此开启了宇宙纪元。另一个学派则认为，宇宙中蕴藏着某种原始且无尽的能量，它源源不断地产生新星系，填补旧星系离去后空空如也的空间。不管是宇宙万物皆起源于一颗"蛋"，还是宇宙能够源源不断地生产物质，听上去都很不现实。但是，持

---

1. 勒梅特提出的词，比喻宇宙起源之初的奇点。（译者注）

续创造假说则支持宇宙扩张时整体外观恒定不变，这就是弗雷德·霍伊尔（Fred Hoyle）主张的"稳恒态"（Steady State）模型。有一天，霍伊尔参加了BBC的一档广播节目，并在节目中首次使用"大爆炸"三个字称呼对方的理论[1]。他和其他稳恒态模型支持者不曾将大爆炸模型放在眼里，因为在他们看来，宇宙不可能有一个绝对的起点。事实证明，他们并不是唯一这么想的人。在发现宇宙正在膨胀之后不久，1931年爱因斯坦将视线转向了它背后的深意，并起草了一篇论文，其中的观点与15年后霍伊尔提出的想法完全一致：

想象宇宙是一个存在物理界线的空间，这个空间里的物质粒子正不断离去，它必须源源不断地创造新物质粒子，才能保持密度不变。

1.坊间谣传他提出"大爆炸"这个词，本意是想嘲笑对方的模型。但是他告诉我，他当时只是想找一个与"稳恒态"相反的词，听上去没那么稳定，或者说更俏皮的词。

　　然而，论文还没写完发表，爱因斯坦就将注意力转移到了其他研究上。后来，这篇未完待续的论文流落到了档案馆里，被雪藏多年。80 年后，沃特福德理工学院的科马克·奥雷费尔泰（Cormac O'Raifeartaigh）和布兰登·麦卡恩（Brendan McCann）无意中发现了它，并于 2014 年将它翻译成英文出版。因此，如果有人问你：谁是第一个想到"稳恒态"或"持续创造"的人？答案就是——爱因斯坦！

　　两个阵营从 20 世纪 50 年代一直争论到 60 年代，他们真正需要的是一项能够检验这两种模型谁对谁错的实验。大约在稳恒态模型被提出的同一时间，科学家们就想到了一种实验方案，只是未曾实践过。它的思路大致是这样的：如果过去的宇宙更小，所有物质紧密地挤压在一起，那么当时的宇宙一定也更热。这就跟打气一样，在给自行车轮胎打气时，由于筒内空气受到压缩，不久后筒壁就会发热。两名年轻的美国研究员拉尔夫·阿尔珀（Ralph Alpher）和罗伯特·赫尔曼（Robert Herman）根据物理学的基本原理，推算出了大爆炸那一刻如原子核般致密[1]的宇宙的温度，以及大爆炸遗留辐射的温度。1948年，两人发表了他们的结论——"今天宇宙的温度约为5K"，相当于−268℃。比他们更资深的同事乔治·伽莫夫（George Gamow）大加宣扬这个数字，后来他的名字经常与它一起出现，尽管这并不是他算出来的。

到了20世纪50年代，两人关于宇宙温度的预测基本上已经被大家遗忘了。60年代初，阿诺·彭齐亚斯（Arno Penzias）和罗伯特·威尔逊（Robert Wilson）使用贝尔实验室的射电望远镜进行射电观测，无意中发现了宇宙中充斥着温度约为3K的微波辐射，这一数字后来被修正为2.7K。这是一个双重"惊喜"：一方面，他们事先并不知道阿尔珀和赫尔曼的预测；另一方面，这个发现意外地推翻了他们两人支持的稳恒态模型。尽管在许多天文学家眼中，这依然是高度不可能的事，但是他们很快便意识到这一定就是阿尔珀和赫尔曼预测的遗留辐射，而且宇宙之初

---

1. 我们将这称为大爆炸密度，关于物质在这一密度状态下的运动规律以及大爆炸之后的一切事物，我们已经研究得很透彻了。至于这个致密炽热的"火球"是怎么来的，或者说大爆炸之前发生了什么，目前只有一些猜想，未来我会稍加研究，看哪个最靠谱。

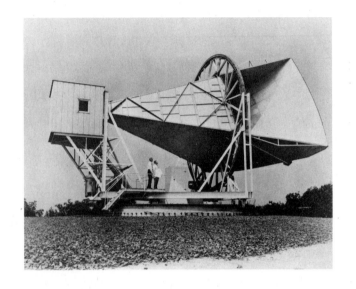

彭齐亚斯（Penzias）和威尔逊（Wilson）
用于发现宇宙微波背景辐射（CMB）的射电望远镜

美国国家航空航天局（NASA）

确实发生过大爆炸。那么，现在的问题就成了：大爆炸是什么时候发生的？宇宙的年龄有多大？

为了确定宇宙大爆炸距今过去了多少年，最初的计算方法主要依赖于两个测量结果：星系离我们远去的速度（不难测量）、星系与我们之间的距离（很难）。只要有这两个数字在手，天文学家就可以倒推出所有星系还在"蛋壳"里的时间。这算起来很简单，难度相当于下面这道题：假设一辆汽车以60英里每小时（约96.6千米每小时）的速度沿着一条笔直的高速公路行驶，此时与它的起点相距30英里（约48.3千米），请问它是在多久以前出发的？星系远去的"速度"可以直接通过红移测出来，光随着宇宙的膨胀而被拉伸，在光谱上表现为朝红端偏移，就是我们所说的红移。有些书可能会告诉你，红移就是多普勒效应，但是在这里并不是，因为这里要测量的不是物体在空间移动的速度，而是空间自身膨胀的速度。空间在膨胀的同时，拽着所有星系一起走。因此，它们看上去正在离我们远去，只不过是正好搭了一趟"顺风车"。不过，要测出一个星系离我们有多远可就没那么容易了，这取决于我们对它的特征有多了解，或者猜得有多准，比如它的亮度是多少。如果我们知道一个星系的绝对亮度，就可以根据它看上去有多亮（视亮度），算出它离我们有多远，这就像我们可以通过测量街尾的路灯看上去有多亮，算出我们离街尾有多远。有一个常数可用于描述河外星系退行速度与距离之间的关系，它就是"哈勃常数"，用"H"表示。H值越大，宇宙膨胀得越快，离大爆炸过去的时间也越短。

20世纪60年代，我的天文生涯开始了（没错，我出道就是这么早）。那时，计算河外星系的距离仍是一件困难重重的事，最厉害的宇宙学家也只能算出H的值在50～100［单位为（km/s）/Mpc］，很有可能是75。如果H的值是100，宇宙的年龄便略低于90亿岁；如果H的值是50，宇宙的年龄就要翻一番，即180亿岁。另外，天体物理学家一直在孜孜不倦地改进估算恒星年龄的技术，他们发现已知最古老的恒星远远大于90亿岁，因此宇宙学家给出的H最大值100是不可能成立的。

在后来的几十年里，基于传统测量法的技术改进，再加上科学家用哈勃空间望远镜取得的观测成果，使得哈勃常数的计算越来越精确。2001年，它的范围被缩小到72±8（64～80）。与此同时，科学家们还另辟蹊径，开发了一种新技术，利用宇宙微波背景辐射（cosmic microwave background radiation，又称"背景辐射"），推算哈勃常数的范围。

天文学家首次探测到背景辐射时，便测量了它的温度，发现它具有各向同性的特点，即天空各个方向的温度都是一样的，符合大爆炸模型的宇宙学红移计算公式最简单的预测。背景辐射各个方向强度基本相同，侧面说明了我们在宇宙中所处的位置一点也不独特。尽管测量技术不断提高，但是他们一直没有发现其他背景辐射的强度分布规律，这令宇宙学家开始心生忧虑。大爆炸模型的宇宙学计算公式很简单，它描述的是空无一物的时空将如何均匀膨胀，然而真实的宇宙存在大量星系，这些星系的诞生必定是不均匀的。早在宇宙还是一个致密炽热的"火球"，且背景辐射远比现在强时，这种不均匀性就已经存在了。那时，"火球"含有大量带电粒子、质子以及中子，它们与"火球"的电磁辐射相互作用，"火球"内部每个区域的温度取决于局部的物质密度。后来，宇宙逐渐降温到几千摄氏度（与今天太阳表面的温度差不多，只不过那时的宇宙到处都这么热），质子和中子被束缚于电中性的原子内，与电磁辐射"脱耦"。这时的辐射依然受密度涨落的影响，只不过影响日渐式微，后来温度一路冷却到 2.7K，不再与物质发生强烈的相互作用。

原初宇宙的不均匀性理应反映在温度上。如果我们的仪器足够灵敏——当然它要非常灵敏才行，应该能够在天空中的不同区域探测到温度差异。通过测量今天的星系和星系团有多大，天文学家能够倒推出大爆炸不久后的宇宙有多不均匀，即它在辐射与物质开始脱耦时的不均匀程度，从而得出当时的背景辐射温度在各个区域的涨落幅度，并进一步推算出今天的温度差范围。答案是十万分之一。今天背景辐射的平均温度是 2.7K，意味着我们的仪器所要测量的是 0.00003K 的涨落，即十万分之三开氏度的微小差异。

这简直是不可能的任务，但是依然有人迎难而上。1989 年 11 月，美国国家航空航天局（National Aeronautics and Space Administration, NASA）发射了一颗名为"宇宙背景探测者"（COsmic Background Explorer, COBE）的卫星，开始了这项精密的测量。卫星上的仪器很快就探测出了宇宙微波背景辐射的平均温度为 2.725K，比以往的测量都要准确多了，相关团队在 1990 年 1 月的美国天文学会会议上公布了这一结果。然而这只是个开始。在一年多的时间里，COBE 上 3 台独立的仪器孜孜不倦地扫描了整个天空，进行了 7000 万次温度测量。负责这项任务的团队需要分析庞大的测量数据，将它们减去平均温度后，绘制出宇宙微波背景辐射全景图，体现各天区温度的微小差异。这张图于 1992 年完成，绘出了背景辐射的微小"涟漪"：天空中最热的区域比平均温度高了十万分之三开氏度，最冷的区域比平均温度低了十万分之三开氏度。但是，请记住平均温度只有 2.725K，因此这里的"冷"和"热"只是相对的。今天，天文学家已经找到了不均匀分布的物质在引力作用下聚集成星系的痕迹，这为大爆炸理论提供了更多有力证据，但是并没有为宇宙年龄提供准确独立的测量手段。

COBE 的成功令天文学家大受鼓舞，开始从背景辐射中寻找更多线索，其中包括寻找所谓的"重子[1]声学振荡"（baryonic acoustic oscillations）留下的痕迹。说白了，它就是声波——早期宇宙的声波在背景辐射

---

1. "重子"是一个概括性的名词，通指任何由电子、质子及中子构成的物质，比如原子。

中留下了印迹，今天也许还能被探测到。这些声波在背景辐射中留下的次级涟漪，比 COBE 早先发现的温度涟漪更微小，且更难探测，但是它们携带了重要的额外信息，如果能获得这些与原初宇宙相关的信息，再辛苦也是值得的。这些涟漪会呈现什么分布规律，主要取决于两方"势力"在脱耦后 10 万年间的"角逐"：将巨型气体云拉到一起的引力，以及快速移动的光子的影响。它们之间的相互作用，往往会消除不均匀性。在这段时间内，声波的某些波长被拉长了，某些波长被消除了。然而，这一切发生的场地，是在不断扩张的宇宙之中。宇宙膨胀时，不仅会冷却光子（减少光子能量，从而削弱它的影响），还会拉伸声波。因此，在测量重子声学振荡时，还要考虑到宇宙膨胀速度（由哈勃常数决定）。

多方"势力"拉锯的结果，就是混叠的波长。对于处理这类混杂物，天文学家早已得心应手，他们有一个叫"功率谱分析"（power spectrum analysis）的强大工具，能提取被淹没在噪声中的特定波长。这有点像分析多声部交织而成的交响乐，抽离出小提琴、长笛、打击乐器及其他乐器的声部，也有点像分析教堂管风琴的声音，根据声音计算出音管的长度，以及其他构造方面的细节。

对背景辐射中的细微温度涨落做功率谱分析，会生成一个起伏不定的曲线图，叫"功率谱"（这个名字很合理），左边有一个很高的尖峰，向右边递减，波动越来越小。图中各个峰值的相对高度蕴含了大量的信息（不仅与重子声学振荡有关，虽然它是特别重要的信息），揭示了宇宙的诸多特征，包括宇宙膨胀的速度，让我们得以确定 H 值和宇宙年龄。但是，有一个关键点我们要牢记于心：这种测量方法完全独立于以星系距离测量为基础的传统技术。

21 世纪的前 20 年里，有两颗卫星对微波背景做了功率谱研究。第一颗是 NASA 的威尔金森微波各向异性探测器（Wilkinson Microwave Anisotropy Probe, WMAP），于 2001 年夏天发射，携载比 COBE 还要敏感 45 倍的探测器，能够以 0.2° 左右的跨度，测量任一天区的温度，这一跨度的大小相当于我们在地球上看到的满月直径的三分之一。它一直工作到 2010 年才退役，被转移到停泊轨道上，为未来其他卫星让路。它采集了大量数据（其中一些已被纳入《奇观·三》中），早期数据得出的哈勃常数是 72 ± 5，对应的宇宙年龄（从大爆炸的那刻算起）是（134 ± 3）亿岁。

随着时间的推移，以及更多数据的涌入，包括高空气球携载的仪器测得的数据，宇宙学家的估算越来越精确，宇宙年龄被微微调高至（137.72±0.59）亿岁。到了 WMAP 退役并进入停泊轨道的时候，另一颗卫星接过了它的棒子，它就是欧洲航天局(European Space Agency，ESA）的普朗克探测器（Planck）。

普朗克探测器于 2009 年 5 月发射，灵敏度比 WMAP 高 3 倍，可以测量两个天区之间低至百万分之一摄氏度的温度差，而它一次测量的区域跨度可以小至 0.05°。你可以停一停，自己换算一下。有人可能觉得"百万分之一摄氏度"没什么，但是直到迈入 21 世纪的第二个 10 年，天文学家才终于可以对着一块相当于满月视直径六分之一的天区，告诉你它与隔壁天区的温度差是多少，精确度达到百万分之一摄氏度。如果这还不够震撼，那这世上就没什么能让你震撼的了。

普朗克探测器一直工作到 2013 年才进入和 WMAP 同一个停泊轨道。2013 年 3 月，在普朗克探测器退役前夕，欧洲航天局基于它传回的数据，公布了宇宙年龄为 138.19 亿岁。几年后，随着越来越多数据被分析，普朗克探测器团队将他们估算的年龄修正为（137.99±0.21）亿岁，对应的哈勃常数值是 67.74 ± 0.5，不仅十分接近 WMAP 测量到的结果，而且两颗卫星给出的数字都落在 72 ± 8 区间，这是人们 2001 年用传统技术估算出来的范围。在不到 60 年的时间里，天文学家争论的焦点已经从 H 值到底是 50 还是 100、宇宙年龄到底是 180 亿岁还是 90 亿岁，变成小数点后第二位的数值是多少！WMAP 和普朗克探测器之间的差异不超过 1 亿年，与四舍五入后的 140 亿年相比，连它的 1% 都不到。

这是科学史上最伟大、最不可能的成就之一。今天，我们知道宇宙的年龄很有可能是 138 亿岁，误差在 1% 以内，顶多加上或减去 1 亿年。这伟大的成就，任何老一辈的科学家看了都会震惊不已，更不用说普通人了。但故事到这里还没完，仍有一些锦上添花的事要做。

我在前面提到，20 世纪 60 年代，宇宙学家估算出的宇宙年龄低于某些恒星的年龄，引起了许多人的担忧（这种担忧存在了好一阵子）。现在，这种担忧已经不复存在了。当宇宙学家忙着优化宇宙年龄的估算方法时，天体物理学家也在努力完善恒星年龄的测量方法，最终取得了可喜可贺的成就。

天体物理学家有好几种测量恒星年龄的方法，在此我只简单地提两种，便可窥见他们对宇宙有多了解。第一种方法基于20世纪初发现的恒星温度（反映在色温上）与亮度之间的关系。在恒星温度与亮度关系图上，纵轴表示光度，横轴表示温度，大多数恒星会落在一条从左上（又热又亮）至右下（又冷又暗）的对角线上。一颗恒星看上去有多亮，即它的视亮度是多少，取决于它与地球之间的距离。要知道它的绝对亮度，就要将它放在距地球32.5光年（天文学家更喜欢说"10秒差距"）的地方，计算它在这个标准距离处的亮度，但这反过来也需要知道恒星与地球之间的距离。测量恒星距离并不容易，因此天文学家才没能更早地发现其温度与亮度之间的关系（至于天文学家是如何测量恒星距离的，这可以单独写一个故事了）。那张反映了恒星温度与亮度关系的散布图，被称为"赫罗图"（Hertzsprung-Russell diagram），简称"H-R图"，名字取自独立发现这一关系的两位天文学家的姓氏。在赫罗图中，大多数恒星集中在从左上至右下的对角线上，这条线被称为"主序带"（main sequence）。只有少数恒星会分布在这条线的左下方（又暗又热），或右上方（又亮又冷）。

　　恒星的质量决定了它在主序带上的位置。一颗恒星的质量越大，引力就越大，为了抵御自身的向心引力，它会更快地燃烧核心的核燃料，并释放出更多能量，因而显得更明亮。当核心的核燃料越烧越少时，恒星外层向外膨胀，热量扩散到更大范围，导致表面温度降低。这时，它变成一颗红巨星，移向赫罗图的右上方。当所有燃料完全耗尽时，它从红巨星坍缩成白矮星，如同煤炭烧完以后剩下的"煤渣"，移向赫罗图的左下方。然而，一颗恒星何时从炽热走向死寂，取决于它的质量。对于一群年龄相仿、质量不一的恒星来说，它们的主序带会逐渐变短，仿佛有人从左上角开始，将这条对角线擦短。套用一句朗朗上口的话："恒星质量越大，老得越快，死得越早。"关于主序星的质量与温度之间的关系，天文学家已经研究得很透彻了。无论支撑其生命的燃料是什么，它都必须产生足以与自身引力抗衡的热量。热量太高，恒星会爆炸；热量太低，恒星会坍缩。主序带的终点透露了星群中年龄最大的恒星是哪几个，甚至暴露了它们的年龄，因为我们知道不同质量的恒星消耗完核燃料（基本上是将氢转化为氦）

需要多久。

如果我们有一群年龄相仿的恒星，并且能够测量出这个星群与地球之间的距离，那么我们只要将所有线索放在一起，就能确定其主序带左上角的起点，从而推算出这群恒星的年龄。幸运的是，天空中确实存在这样的星群，叫"球状星团"（globular clusters），因状似球形而得名，由数十万颗恒星组成，每个星团内的恒星都出生于宇宙大爆炸之后不久，孕育自原初气体云的外围物质，我们的银河系也诞生于同样的摇篮（其他星系周围亦能找到类似的球状星团）。不幸的是，计算它们的距离难如登天。不过，至少标准物理学告诉了我们不同质量的恒星的年龄。总而言之，由于种种困难，直到20世纪90年代中期，天体物理学家也只能粗略地说，球状星团的年龄有120亿～180亿岁，虽然过于笼统，至少没超过宇宙学家估算的宇宙年龄。不过，欧洲航天局的依巴谷天文卫星（Hipparcos）为他们带来了转机。

它发射于1989年，利用视差法精确地测量了近12万颗恒星的距离，即在地球轨道的两端测量恒星在天空中的视差偏移。依巴谷团队将这颗卫星的精确度比喻为在法国埃菲尔铁塔上用望远镜精确地测量出美国帝国大厦楼顶上一颗高尔夫球的大小。到 20 世纪 90 年代末，布赖恩·查博耶（Brian Chaboyer）和依巴谷团队其他成员，将这颗卫星与通过别的手段测得的数据相结合，估算出了最古老的球状星团应该是（126±10）亿岁，这是当时最精确的估算结果。2013 年，欧洲航天局又发射了一颗卫星——盖亚（Gaia），该卫星测出的年龄比依巴谷稍高一些，但仍低于宇宙年龄的 138 亿岁。

至于第二种测定恒星年龄的方法，它的原理听上去很简单，取决于放射性元素如何"衰变"并产生不同元素组成的混合物，执行起来却难如登天。在地质学上，放射性测定年代法早已发展得炉火纯青，广泛应用于岩石年龄的测定。它经常测量的放射性元素之一是铀 238，半衰期为 46 亿年，即在一个样本内，将会有一半的原子在 45 亿年（约为地球的年龄）内发生衰变，剩下未衰变的原子又会有一半在接下来的 45 亿年内发生衰变，以此类推。理论上，只要测定一个物质现有的铀含量，并与各种"衰变产物"的含量进行对比，就能知道该物质形成之初含有多少铀 238，由此计算出它的年龄。这意味着，天文学家"只要"找到一颗大气中含铀 238 的恒星，并动用天文界最强大的工具光谱仪[1]测量它的铀含量以及各种衰变产物的含量，便可大功告成。在茫茫宇宙中，这找起来犹如大海捞针，但是天文学家还真找到了几颗含铀238的恒星，其中包括一颗编号"HS 1523-0901"的红巨星，位于天秤座，距离地球大约7500光年，并用这项技术测出了其年龄。2007年，天文学家安娜·弗雷贝尔（Anna Frebel）在论文中公布HS 1523-0901的年龄为（132±10）亿岁。

　　尽管天体年龄的估算尚有许多不确定性，但是至少现有的估算结果与宇宙年龄的计算结果是相吻合的。乍一看，你可能觉得这没什么，但它其实非常难得。宇宙学家基于大尺度的物理学（主要是广义相对论）计算出宇宙年龄，天体物理学家则基于较小尺度的恒星工作原理计算出宇宙年龄，后者完全没有参考广义相对论，却给出了相同的答案，殊途同归。这证明我们建立的科学理论是对的！物理学家们是好样儿的！他们应该给自己鼓鼓掌，但是切忌安于现状，因为刚步入21世纪20年代，有一个美

---

1. 在我另一本书《科学七大支柱》（*Seven Pillars of Science*）中有详细的介绍。

中不足的小瑕疵就被暴露了出来——用传统测量技术计算出的哈勃常数，与通过背景辐射计算出的哈勃常数，二者之间存在极其细微却不容忽视的差异。随着传统测量方法的误差日益减小，这点"小瑕疵"看上去令人日渐忧心。尽管两个数字稍有出入，但是双方阵营都坚称自己的数字是准确的。在这件事上，宇宙学家刻意不说两个阵营之间存在"分歧"，而是保守地说他们略有"争议"。但是，物理学家应该欢迎这类"小瑕疵"，因为它们可能会给我们带来全新的发现，也可能与下一章有关。

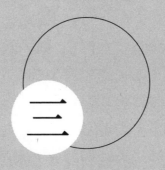

三

宇宙正在
加速膨胀

宇宙大爆炸之前有什么？宇宙是如何开始的，又将如何结束？不可思议的是，这些问题我们或多或少都有了答案，而且答案都离不开宇宙的一个关键性质——密度。

广义相对论的方程前可反演宇宙的诞生，后可预测宇宙的宿命。如果我们用这些方程解释过去，它们会告诉我们时间与空间有一个起点。在这个不断膨胀的宇宙中，我们所能探测到的一切物质，都来源于一个体积为零、密度无穷大的奇点（singularity），它同时也是时间的零点（time zero）。然而，物理学家并不相信真有这样的事，因为量子效应不允许体积为零的奇点存在。不过，至少有一点他们是接受的，即整个宇宙在爆炸之前是一个体积极小、密度极大的区域。退一步说，如果我们接受最常见的假设，即大爆炸前的宇宙是一个相当于原子核密度的大火球，那么大爆炸发生的时刻是在零点之后的第一万分之一秒。零点过后半小时，宇宙温度仍为 300000000 K，是太阳中心温度的 20 倍。自第一万分之一秒以来发生在宇宙中的事，都可以在今天的物理学中找到完美的解释。爆炸的最初时刻，对了解后来的事情有着关键的作用，而且与今天宇宙密度的一个谜题密切相关。

尽管宇宙正在膨胀，但是引力一直在努力"踩刹车"，试图将所有物质拉回来。大约 20 年前，宇宙的膨胀与引力之间的"拔河"，在科学家脑海中隐约浮现出了几个可能的结局。引力最终能否成功战胜膨胀，取决于宇宙膨胀的速度，以及宇宙含有的物质，即它的密度。如果密度过低，引力太弱，宇宙将永远膨胀下去；如果密度过高，引力太强，宇宙就会停止膨胀，重新坍缩回奇点。除此之外，还有第三种特殊的情况，即所谓的临界密度，当宇宙处于这一密度时，膨胀会逐渐减速，但永远不会停止。然而，事情并非如此简单。

爱因斯坦说，质量（引力）与时空弯曲是有关联的。在广义相对论里，自我坍缩的宇宙是闭合的，持续膨胀的宇宙是开放的，处于临界密度的宇宙是平坦的。据我们所知，我们的宇宙确实是平坦的，这就很神奇了。为什么呢？因为它意味着大爆炸那一刻的宇宙必须处于十分极端的状态，还因为平坦宇宙在这三者中是最不可能出现的，要经过许多超乎想象的"精调细校"才可能达到平坦的状态。

密度参数是宇宙的平均密度与临界密度之间的比值。当密度参数小于 1 时，宇宙是开放的；当它大于 1 时，宇宙是闭合的。在研究背景辐射的卫星出现之前，天文学家仅仅估算可观测的宇宙空间内有多少星系，就预测出了今天宇宙密度参数的数值必然在 0.1 ~ 10 之间。这个范围听上去很大，但是自大爆炸以来，宇宙平均密度与膨胀速度之间的平衡关系一直在变，二者以不同的速度逐渐变小，宇宙密度参数的大小也随之在变。大爆炸发生后，宇宙一直不断膨胀，离临界密度越来越远。要达到今天的密度参数，即维持在 0.1 ~ 10 之间，宇宙在大爆炸那一刻的密度参数必须为 1，偏差不能超过 $1/10^{60}$。后来，卫星传回来的观测数据让真相看上去更匪夷所思，因为它揭示了今天的宇宙密度参数无限接近于1，由此推测它必须从始至终都无限接近于1，或者不应该说"从始至终"，而是说"自第一万分之一秒以来"。这不可思议的平坦性，就来自那第一万分之一秒。

我先前曾暗示过，在时间零点与大爆炸之间，量子物理学对解释这段时间的宇宙至关重要。它告诉我们时间量子（时间的最小值）是存在的，它就是 10^{-43} 秒。宇宙并非在零点（$t=0$）那刻从一个奇点膨胀而来，而是在 10^{-43} 秒那刻从一粒不大于普朗克长度（10^{-35} 米）的种子[1]膨胀而来。那时的宇宙密度"仅"每立方厘米 10^{94} 克，并非无限大。这些就是量子物理学所允许的时间与空间的最小极限。你可能会觉得，一个如此致密的微小物体，应该会被自身引力反噬并消失才对。但在1979年底，美国物理学家阿兰·古斯（Alan Guth）意识到这不是宇宙唯一的命运，并找到了合适的解释，弥补零点与大爆炸之间的空白。

---

1. 这粒种子有可能就是一次"量子涨落"，从无到有诞生出宇宙。想了解更多这方面的知识，可以读这本书：《大爆炸之前》（*Before the Big Bang, Format*: Kindle Edition, 2015）

　　他发现，在上述极端状态下，如果发生一种叫"对称破缺"（symmetry breaking）的量子过程，它会在一瞬间释放强大的能量，产生猛烈的向外推力，令宇宙飞速膨胀，快到引力来不及"出手"。这股推力来得快，去得也快，但它会在消失前引发大爆炸，令宇宙继续向外扩张，这时引力逐渐跟了上来，开始拉住宇宙，减缓扩张速度。对称破缺释放能量的过程，类似于水由气态变成液态瞬间释放潜热的过程，只不过前者要猛烈得多，也极端得多。在时间之初，宇宙内部的每一个微小区域都在发生对称破缺，这些区域远比质子小得多，却瞬间"暴胀"（inflation）[1]到一个篮球的大小。正是因为暴胀，宇宙才变得平坦。

　　为了让你更好地理解暴胀的过程，这里还有另一个类比。大爆炸之前的暴胀量，相当于将一颗网球瞬间充大到整个可见宇宙的大小。网球原本是一个表面弯曲的球体，当它膨胀到跟我们的可见宇宙一样大时，任何在其表面移动的生物看到的它都会是

---

1. 早期宇宙空间以指数倍的形式膨胀，这种快速膨胀的过程叫作"暴胀"。暴胀结束后，宇宙继续膨胀，但是膨胀速度则慢很多。宇宙暴胀的一个重要作用是消除非均匀性、各向异性和平滑空间的弯曲程度。（译者注）

平坦的。同样地，宇宙暴胀令我们身处的宇宙大到无限接近于平坦，密度参数也无限接近于临界值。

这个过程带来了一个意外的收获。在宇宙暴胀末期，被阿兰·古斯称为"大爆炸前传"的量子涨落产生了微小的不均匀性，随宇宙暴胀被放大，并在大爆炸中遗留了下来，成为星系和星系团诞生的根茎。卫星观测到的细微温度差异，验证了量子涨落产生的不均匀性，包括 COBE 也观测到了这样的规律，并显示宇宙确实是平坦的，宇宙平均密度正好等于临界密度，证实了暴胀理论的预测。但是，这在 20 世纪 90 年代带来了一个难题——"拉平"宇宙所需的物质从何而来？

那个年代的天文学家已经知道，除了我们在银河系以及其他星系看到的明亮的恒星之外，宇宙中肯定还潜伏着其他我们看不到的暗物质，它们既不发光，也不反射光，默默地用引力影响星系的旋转与移动，以此宣示它们的存在。尽管如此，当暗物质存在的证据出现时，他们依然花了很长时间，才接受这个事实。

星系在星系团中的相对移动速度，可以通过另一类红移计算出来，这一次是真正的多普勒效应——天体在空间中移动产生的多普勒红移。第一个意识到这一点的，是 20 世纪 30 年代在美国工作的瑞士天文学家弗里茨·兹威基（Fritz Zwicky）。在一个星系团中，各个星系以不同的速度移动，有的可能快到 1000 千米每秒以上，而它们之所以还没"单飞"，是因为其他物质的引力拉住了它们。星系团中的物质必须达到一定数量才可能留住它们；否则星系团的逃逸速度将小于单个星系的移动速度，随着越来越多星系"脱团"，星系团将面临"解散"的命运。当兹威基试图平衡方程时，他发现在一个典型的星系团中，明亮的星系只占其总质量的一小部分。在随后的几十年里，大多数天文学家选择忽视他的发现，因为他们认为这是不可能的。

转机出现在 20 世纪 80 年代。那时，美国天文学家维拉·鲁宾（Vera Rubin）与她的同事正在研究个别星系的旋转方式，测量离星系中心不同距离处的恒星的多普勒频移及其他特征。他们原以为那些恒星会以和太阳系相同的方式旋转，即离中心更近的天体旋转得更快，离中心更远的天体旋转得更慢。这个规律在太阳系确实存在，因为太阳系的质量大部分集中在中心，也就是太阳，所以离中心越远的行星，感受到的引力就越小，旋转得也越慢。星系的大部分恒星、尘埃、气体也都聚集在中心，因此大家想当然地认为，星系边缘的物质不会受到太大的引力拉扯，旋转的速度也没靠近中心的物质那么快。然而，鲁宾观测的那些和银河系一样的圆盘星系却不是这样的，它们从中心到由明亮恒星组成的外围，旋转速度都一样。唯一说得通的解释是，有一个由"暗物质"（dark matter）组成的巨大暗晕牢牢地抓住整个星系，质量大约是明亮恒星的10倍。兹威基终于得到了"平反"。但是（似乎总有"但是"），故事到这儿还没完。

你可能会想，这些暗物质也许以气体或尘埃的形式存在，它们也是由原子和分子构成的，组成方式与我们一样，与太阳系一样，与太阳等亮星一样，与所有重子都一样，并没有什么特别的。某些阻止星系从星系团中逃逸出去的质量确实以热气体的形式存在，它们释放的 X 射线可以被某些卫星观测到，但这并不是暗物质的全貌。在大爆炸阶段的极端状态下，即当整个宇宙有原子核那么致密时，宇宙大爆炸理论严格限制了参与相互作用的重子数量。它告诉我们，整个宇宙中的重子密度最多只能占临界密度的5%，超过这个比例，宇宙就会失去平坦性。将这条法则套到一个星系团上，就能算出它最多可以拥有多少重子物质。不过，即使将所有气体和星系的质量加起来，再加上这一极限值所允许的其他重子质量，仍远远低于整个星系团预期的总质量，这表明星系团内存在大量非重子物质。这些家伙既冷又暗，没人知道它们是什么，只能从逻辑上将它们命名为"冷暗物质"（cold dark matter，CDM），方便记忆。重点是，它们与我们的组成方式不一样，而且只通过引力影响重子物质——它们不与光子相互作用，也不与其他电磁辐射（如无线电波或X射线）相互作用，难怪它们是黑暗的。它们不像重子物质那样在总密度上受到大爆炸模型的约束，但这反过来让人很难直接探测到它们，至今仍不知它们的庐山真面目。

难就难在这里。到了20世纪90年代中期，为了让星系保持聚集，宇宙学家尝试将所有已知的物质加起来——大约5%的临界密度来自重子，另有25%来自冷暗物质，但它们只占平坦宇宙所需总密度的30%，其余的在哪里？当时，真正关心其余密度来源的几位宇宙学家将这个问题称为"重子灾难"（baryon catastrophe），但它并非无解。1996年，我总结了剑桥天文研究所的大卫·怀特（David White）和安德鲁·费比恩（Andrew Fabian）的研究成果。正如我当时在

《宇宙伴侣》(*Companion to the Cosmos,* Weidenfeld & Nicolson)一书里写的，"宇宙学家若想维护宇宙暴胀理论预言的平坦宇宙，他们或许不得不重新考虑引入一个宇宙学常数"。一个像爱因斯坦曾引入后来又因宇宙膨胀而被否决的宇宙学常数，用希腊字母"Λ"表示，有时又被称作"λ 场"，代表一种均匀充满空间的能量或场，赋予空间弹性。你可以将它想象成一个被拉伸的弹簧，向内抵抗空间的膨胀，将所有东西拉回来（爱因斯坦最初的设想），也可以将它想象成一个被压缩的弹簧，向外抵抗引力的收缩，加速宇宙的膨胀。它究竟是在坍缩还是膨胀，取决于宇宙学常数的数值。由于质量和能量是等价的，λ 场会影响空间曲率。如果宇宙是平坦的，重子和暗冷物质只占 30%，另外 70% 便来自宇宙学常数，后来又被叫"暗能量"（dark energy）。但这是一个深奥又极不可能的想法，1996 年只有少数几位宇宙学家（至少还有一名科学作家）知道。几年后，λ 场突然声名鹊起。

这要感谢一次偶然的发现。20 世纪 90 年代末，两个团队想要通过测量 1a 型超新星（SN1a）的特性，优化哈勃常数的估算值。SN1a 相当罕见，在银河系这样的星系中，几千年才可能出现一对。[1] 不过，如果将望远镜对准银河系外成千上万个星系，那就另当别论了。它们会在极短暂的时间内，发出与整个星系一样亮的光，天文学家经常依靠这些光捕捉到它们。对于宇宙学家而言，SN1a 就像是个天上掉下来的"馅饼"，因为每个 SN1a 爆发时的绝对亮度峰值是一样的。通过研究近邻星系的其他超新星，并借助别的方法算出那些星系与地球的距离，他们校估出了 SN1a 的亮度。因此，当极其遥远的星系中有一颗 SN1a 爆发时，天文学家可以通过它的视亮度（或明暗度）算出它所在星系的距离，只要再测量该星系的红移，就能获得新的哈勃常数值。

通过从许多近邻星系上算出的平均值，这两个团队的目标是利用这一技术，去研究遥远昏暗的星系。光需要在宇宙中穿越漫长的距离，才能来到地球上，被我们看见。当我们望向遥远的星系时，我们看到的其实是它几十亿年前就发出的光，那时的宇宙更年轻，也更紧凑。他们原以为这项研究能让他们看

1.1a 型超新星的形成需要一个双星系统，一个是巨星，一个是白矮星。（译者注）

到过去的宇宙膨胀速度比现在快了多少，毕竟宇宙形成之初膨胀过快，引力来不及拉住它，在后来的漫长岁月中，引力迎头赶上，一直努力拖慢膨胀速度。然而，当他们将 SN1a 所在的遥远星系与近邻星系的类似研究放在一起对比时，结果却令他们大吃一惊。1998 年，两个团队不约而同地发现，他们的测量结果暗示宇宙在遥远的过去膨胀得更慢。或者反过来说，今天的宇宙膨胀得比过去更快——宇宙正在加速膨胀！

两支团队通过独立观测，得到了相同的结论，这是一件好事，因为在大多数天文学家看来，今天的宇宙不可能膨胀得更快，如果只有一个团队宣称宇宙正在加速膨胀，那么大家很可能会先入为主地认为，他们的观测有误。实际上，大家不仅接受了这个事实，还将这神秘的加速度归结于暗能量（这个名字跟 CDM 一样玄乎，没人知道它究竟是什么）的推波助澜。这下子，理论家的圈子里可热闹了；为了解释暗能量是什么，大家绞尽脑汁，提出各种千奇百怪的想法，着实忙活了好一阵子。[1] 但这其实没太大必要，对暗能量最简单也是最可能的解释早已摆在他们眼皮底下，我指的是 λ 场——"死而复生"的爱因斯坦的宇宙学常数。前面提到过，它赋予宇宙弹性，在引力向内拉的同时，向外推动物质。为了解释 SN1a 所揭示的加速膨胀现象，天文学家不得不引入暗能量，而且引入的数量正好能对上平坦宇宙缺失的那部分密度。因此，重子灾难实际上预测了加速膨胀。此外，λ 场的工作原理也解释了为什么宇宙膨胀直到"最近"（基于宇宙学的时间尺度）才提速。

除了实际数值之外，λ 场的关键特征是它在任何地方、任何时间都是一样的。它是空间的性质，不仅游弋于恒星之间的空隙，还存在于太阳、地球以及其他宇宙万物（包括你我在内）所占的"空间"，每立方厘米的空间都拥有相同数量的暗能量，即使宇宙变得更大，拥有更多立方厘米，也是如此。因此，不管宇宙再怎么疯狂地开疆辟土，λ 场施加的向外推力永远不变。但是随着宇宙膨胀，星系相互远离，

---

1. 有些人直到今天还在试图揭开暗能量的面纱。嗯，这够他们忙活一辈子了。

引力的内向拉力却越来越弱。大爆炸刚发生的时候，引力还足够强大，能够与 λ 场抗衡，减缓宇宙膨胀。过了一段时间后，风水轮流转，引力渐居下风，宇宙开始加速膨胀——这发生在大约 40 亿年前，与太阳和太阳系形成的时间差不多（但这完全是巧合）。

要算出需要多少普通物质，将它们均匀地分布在宇宙中，才能使宇宙变得平坦，这道算术题并不复杂，答案是每立方厘米 10^{-29} 克，相当于每立方米的空间内含有 5 个氢原子。当然，普通物质并不是均匀地分布的，而是在星系和星系团中凝聚在一起。无论普通物质如何分布，它只贡献了平坦宇宙所需密度的 5%，三分之二以上的密度来源于 λ 场（又称暗能量），而它确实均匀地充盈整个宇宙，贡献了每立方厘米近 10^{-29} 克的密度。遗憾的是，我们无法在地球上的实验室里测量暗能量。即使是从太阳系中心到海王星的范围，这么一个庞大球体内包含的暗能量，也只相当于太阳 3 小时释放的能量。

如果这就是宇宙的全部，而且未来不会出现任何变化，那么宇宙会膨胀得越来越快，最终走向所谓的"大撕裂"（Big Rip），宇宙万物被暗能量撕毁。《奇观·二》中提到的"争议"也许暗示着，今天的宇宙学标准模型，即 ΛCDM 模型[1]，可能缺少了某样东西，这个东西也许会给宇宙带来不同的结局。这是一个令人激动的可能性，但我不打算往这个方向深入，而是以一个被广为接受的 ΛCDM 模型结束本章。今天的哈勃常数值是 67.4 ± 0.5，重子物质和冷暗物质的总密度占宇宙临界密度的 31%，其余的 69% 皆来自 λ 场。重子（构成生物的物质，那些我们可以看到、感觉到、触摸到的物质，以及我们用望远镜所能直接观测到的一切物质）只占物质总密度的六分之一，四舍五入的话，相当于占了整个宇宙的 5%。如果今天的你看到这个数字，并没有发出"这怎么可能？"的惊叹，那么 25 年前，当重子灾难第一次引起宇宙学家注意时，他们的内心肯定是空前震撼的。

---

1. 看，这个标准模型的缩写提都不提重子。构成我们的物质在宇宙的组成中是多么的微不足道，直接就被忽略不计了。

四

人类能够探测到
黑洞并合的涟漪

在大尺度上，宇宙学家可以测量出宇宙年龄为138亿岁，而且误差不超过1%（不超过1亿岁），这太让人叹为观止了！在小尺度上，物理学家可以用4千米长的探测器，测量出仅为质子直径万分之一的位移。想要探测爱因斯坦广义相对论预测的空间涟漪——引力波（gravitational waves），离不开这项看似极不可能的成就（只是看似极不可能，但并非完全不可能）。

为了更好地理解物质、空间、引力波三者之间的关系，你可以在脑中想象一块像蹦床一样拉开来的弹力布，布上面有一个上下弹跳的重物。这个类比曾在我好几本书[1]中"客串"过,不过"造型"略有差异。如果你不想再看一遍,可以直接跳过这几段。在这里,我们需要思考的一个关键点是,引力传遍整个宇宙的速度有多快。

任何有质量的物体都会扭曲它周围的空间,我们可以将质量与太阳相当的物体想象成一个保龄球,将这颗保龄球放在想象中的蹦床上,它所处的布面会被压得往下陷,这时如果有几颗弹珠滚过来,便会沿着凹陷的边缘运动。同样地,像太阳这样的大质量天体也会弯曲空间,让周围的物体(甚至是光)沿弯曲路径运动,仿佛有一股无形的力量(引力)将它们拽向太阳。爱因斯坦曾预言过遥远的星光掠过太阳表面时会发生多少偏转,1919 年的日全食给了天文学家检验广义相对论的机会,也让爱因斯坦一举成名。

但是,如果保龄球被拿走了呢?蹦床上的凹陷会消失,布面从弯曲变成平坦,但这种转变不是瞬间发生的,而是逐渐向外蔓延。地球围绕椭圆轨道运行,

---

1. 最近的一本是:《发现引力波》(*Discovering Gravitational Waves*)。

是因为太阳造成的时空弯曲。如果太阳消失了，地球不会立马飞出去，因为太阳造成的"凹陷"仍会残留一段时间，直到太阳不见了的消息通过某种媒介传到地球。在狭义相对论中，爱因斯坦说没有什么快得过光速，并预测引力传播的速度应该和光一样。如果太阳消失了，地球还将在公转轨道上转悠一会儿，地球上的天空也会再亮一会儿。约8分钟后，天空将陷入黑暗，地球脱离轨道，开始流浪。

请记住，当保龄球被拿走时，蹦床布并不会立即恢复平坦。相反地，在逐渐恢复平坦之前，它会上下弹跳几下，产生涟漪般的波动，传遍整个布面。如果太阳消失了，它周围的时空很有可能会以同样的方式产生涟漪，随着时空逐渐变得平坦，涟漪也逐渐变弱，直至消失。这些涟漪就是引力波。经过一次计算错误之后，1918年爱因斯坦发表了关于引力波的预测，但他并不确定它是否真实存在。爱因斯坦曾说："如果你们问我引力波是否存在，我只能回答：我不知道。但这是一个极为有趣的问题。"在这个预测发表整整100年后，物理学家才首次在地球上探测到引力波。

探测引力波需要投入大量人力、精力、物力，但是物理学家相信这些投入是值得的，因为他们已经从脉冲双星系统的行为中获得了引力辐射的直接证据。脉冲星是高速旋转的中子星，即某些比太阳大得多的恒星经超新星爆发后坍缩形成的致密星体，直径往往只有 10 千米左右，密度相当于原子核的密度，质量与太阳差不多。我们能够探测到脉冲星，是因为它们有着强大的磁场，并发射出无线电波，像灯塔的光束一样明亮。有些脉冲星闪烁的光束打到地球上，正好被我们的探测器捕捉到，有些很遗憾地没瞄准地方，因此无缘与地球居民相见。

1974 年，哈佛大学博士生拉塞尔·赫尔斯（Russell Hulse）在老师约瑟夫·泰勒（Joseph Taylor）的指导下，使用阿雷西博（Arecibo）射电望远镜，一个栖息在波多黎各山谷中的庞然大物 [曾 "客串" 电影《超时空接触》（Contact）]，在天空中搜寻脉冲星的身影。1974 年 7 月 2 日，他在望远镜的极限边缘发现了一颗脉冲星，并在后来的几个星期里反复检验，最终确定发现属实，将它编为 "PSR 1913+16"。后来证明，他发现的这颗脉冲星是个 "极品"，每 58.98 毫秒自转一周，是当时已知的自转速度第二快的脉冲星，每秒发生 17 个脉冲信号。

随着进一步的观测，赫尔斯发现它的脉冲变化很诡异，几乎不可能发生，而且规律很复杂。与预期理论时间相比，它的脉冲信号有时到达得早一点儿，有时到达得晚一点儿，这种变化是平滑且重复的，周期为7.75小时。赫尔斯意识到，只有围绕另一颗恒星旋转的脉冲星才可能有这样的变化，而且变化速度如此之快，表明PSR 1913+16的轨道一定很小，这意味着它的"同伴"也很小，极有可能是另一颗中子星。也就是说，这两颗星必然是一个双星系统，具有相似的质量，在各自的轨道上围绕着共同的质量中心运行。因此，它后来被视为"脉冲双星"，尽管只有其中一颗被探测到是脉冲星。

这是一个极端的双星系统，为检验广义相对论的预测提供了理想的实验台。持续的观测表明，这颗脉冲星绕其伴星旋转一周的时间是7小时45分钟，平均速率为200千米每秒，最高可达300千米每秒，是光速的千分之一。巧的是，它的轨道长度是600万千米，与太阳的周长差不多。如果脉冲双星的轨道是圆形的，那么整个双星系统正好可以塞进太阳里，因为两颗中子星之间的平均距离，正好等于太阳中心到其表面的距离。事实上，这个双星系统的轨道是椭圆形的，两颗中子星的"双人舞"也因此更复杂。

它们离彼此最近时，相距约 1.1 个太阳半径，离彼此最远时，相距约 4.8 个太阳半径。种种特征近乎完美，像是为生成引力波"量身打造"的系统。

如果你将它们想象成两个空心的金属球，由一根短小的金属棒连接，漂浮在水箱中的水面上，你就能明白我为何发此感叹。只要它们不移动，水面上就不会有涟漪。如果它们像两个旋转的哑铃，围绕彼此旋转，就会使水面上产生涟漪，荡漾开来。两个相距不超过太阳直径的中子星围绕彼此旋转，会在它们周围的时空产生相似的涟漪。但是产生引力波需要消耗能量。脉冲双星会盘旋接近，并加速移动，以引力波的形式损失能量，导致轨道周期缩短（"衰减"），缩短的量非常微小，但是可以用广义相对论精确地计算出来。

PSR 1913+16 的轨道周期是 27000 秒，根据广义相对论的预测，它将每年衰减约 0.0000003%，即每年约 75 微秒。为了精确地测量如此微小的变化，天文学家必须考虑到各种可能存在的干扰，比如地球在公转轨道上的运动，以及地球自转速度的变化。将这些因素全都计算在内，并分析了来自 PSR 1913+16 的大约 500 万个脉冲之后，1978 年 12 月，泰勒终于能够宣布，该系统轨道周期的衰减，完全符合广义相对论的预言。广义相对论是对的，引力波是真的。今天，我们探测到的脉冲双星已经超过50个，为检验广义相对论的准确性提供了更多证据。不过，今天科学家一提到"那个"脉冲双星，仍是在特指赫尔斯和泰勒两人发现的PSR 1913+16。

到了20世纪70年代末，大家都相信引力波是真的，但这也带来了另一个巨大的挑战，即如何在地球上直接探测引力波。对于大多数人而言，这是一项不可能的任务。等到脉冲双星产生的引力波千里迢迢地抵达地球时，它们早已变得十分微弱，比一个原子产生的影响还要小得多。不过，根据理论预测，某些宇宙事件能够产生更大的引力波，这让实验物理学家看到了一丝希望。

他们将希望寄托在干涉测量技术上，想靠它探测到引力波。从字面上看，"干涉测量"取决于两样东西（比如此类实验中的两道光束）相互干涉的方式。接下来是另一个经常在我书中出现的类比：如果你往平静的池塘里扔一颗鹅卵石，它会激起一圈又一圈的涟漪，朝四面八方均匀扩散；如果你往池塘里同时扔两颗鹅卵石，你会得到互相干扰的涟漪，以更复杂的规律扩散。在某些区域，涟漪相互抵消，水面几乎毫无起伏；在另外一些区域，涟漪相互叠加，水面起伏剧烈。

这个过程你可能并不陌生，为了向学生展示光如何像波一样运动，很多学校都有类似的实验：在一个黑暗的房间里，让一束光通过一块屏幕（其实只要用一张白纸或卡纸就够了）上的两个小孔，照射到第二块屏幕上；通过第一块屏幕的小孔照射过来的光波，会像池塘里的涟漪一样相互干涉，在第二块屏幕上产生明暗相间的图案，即光的干涉图样。物理学家意识到，从原则上说，他们可以用干涉现象测量引力波对物体造成的微小变化，因为当它经过两个物体时，会挤压和拉伸它们之间的空间。只不过，要将这个理论应用到实践中，既困难又昂贵。为了建造能够探测引力波的干涉仪，这背后发生了一箩筐精彩纷呈的故事，涉及诸多政治斗争、科学竞赛、人格冲突。对此，简娜·列文（Janna Levin）在她的《来自外太空的黑洞蓝调和其他歌谣》（*Black Hole Blues and Other Songs from Outer Space*, Bodley Head, London, 2016）中记载了大量有趣的故事，本章会直接跳过所有纠葛，直奔结局。

干涉测量技术能够用于搜索引力波，离不开引力波扭曲时空的独特方式。它们不会像水波纹那样沿着波的传播方向产生涟漪，而是会改变垂直于传播方向的空间形状，有规律地拉伸和压缩空间。如果某一方向受到挤压，与挤压方向垂直的另一方向就会受到拉伸；反之亦然。因此，物理学家认为，如果他们能够拥有一台两臂垂直且等长的探测器，就像一个大写字母"L"，那么当引力波造访地球时，其中一臂会被拉长，另一臂被压短，两臂臂长的变化，将成为引力波来过的"标记"。只要两臂够长，探测器够灵敏，就能用干涉测量技术监测此类"标记"。

这项工作所需的光必须来自激光器，因为它产生的光束非常纯净，波长非常精确。激光必须被分成两束，而且必须完全同步，各自沿着一条探测臂传播（两臂垂直且等长），走过相同的光程，到达两臂末端时被反射回来，相遇重合，形成受自动化系统监控的干涉图样。如果实验设置很完美，返回的光束将相互抵消，不产生任何信号。但是，如果有引力波扫过，使其中一条探测臂变长，另一条探测臂变短，返回的光束就不同步，由此产生的干涉现象将被记录下来，在监测系统的屏幕上显示为一条上下波动的曲线，相当于课堂实验中的光通过两个小孔后在第二块屏幕上产生的明暗相间的图案。

这里存在一个显而易见的问题：激光束和其他物体一样，会受到引力波的拉伸和压缩，在这种情况下，它们如何探测空间上的拉伸和压缩？答案在于，我们要应对的是时空，而不只是空间。时空的扭曲会影响光束从干涉仪的一端走到另一端所需的时长。干涉仪实际测量的是时间差，而不是空间差；将时间差转换成等效的空间差，只是一道很简单的数学题。

1983年，美国提出了关于建造引力波探测器的正式提案。这是一个雄心勃勃的提案，建议在相去甚远的两个地方建造两个完全相同的探测器。引力波会以同样的方式影响两个探测器，如果来者真是引力波，两台探测器必将接收到同样的信号，并且一台接收到信号的时间会比另一台稍晚一些。如此一来，他们就能区分引力波与当地干扰。最初的设想是，每个探测器的臂长为10千米，整个项目花费7000万美元。1986年，美国国家科学基金会（National Science Foundation，NSF）批准了提案，但是要求将臂长控制在4千米以内，因为选定的台址无法容纳更大的探测器。20世纪90年代中期，项目开工了。探测器变小了，成本却更高

路易斯安那州利文斯顿的 LIGO 探测点

加州理工学院 / 麻省理工学院 /LIGO

了，飙升至 10 亿美元以上，这早在预料之中。可以说，整个项目最不可思议的地方就是，它居然能成功申请到经费！两台探测器被建在美国境内相距尽可能远的两个地方，一个在华盛顿州的汉福德，一个在路易斯安那州的利文斯顿。后来，它们被命名为"激光干涉引力波天文台"（Laser Interferometer Gravitational-wave Observatory, LIGO），是美国国家科学基金会有史以来资助过的最昂贵的项目。2015 年 9 月，当它终于有所发现，证明钱没白花时，大家都松了一大口气。LIGO 团队发现引力波的方式，与引力波本身一样耐人寻味。

就在人们如火如荼地建造和测试引力波探测器时，理论物理学家基于广义相对论模拟出了它们可能探测到的"信号"[1]。两个黑洞碰撞并合，就是它们"聆听"引力波的最佳时机。所有双星系统最终都将走向碰撞并合的宿命（这其实也是脉冲双星无法逃避的宿命），因为两颗恒星会不断朝彼此旋近，并最终碰撞，合二为一。黑洞的质量比脉冲星大得多，两个黑洞相互碰撞，会引起更强大的引力波爆发。在

1.天文学家用"信号"一词指代任何来自太空的光或其他辐射的爆发，例如来自脉冲星的射电噪暴，并不暗示它们是由智慧生命发出的。

模拟信号的过程中，理论家们还计算了两颗中子星合并产生的信号，并针对不同质量的黑洞，模拟了多对黑洞旋近合并的结果。他们发现，如果爱因斯坦方程是对的，这类黑洞并合事件将产生一个独特的特征，他们将其称为引力波的"啁啾"（chirp），随着两个黑洞离得越来越近，时空涟漪的波长将越来越短（翻译成音乐的语言，就是音调越来越高的意思），频率越来越高，在并合时达到尖峰，迅速归零。如果要用声音来作类比，这就像用手指快速划过琴键，从左到右，从低音到高音，依次划过。因此，实验物理学家很清楚自己要寻找的目标是什么，甚至还给自己设置了一个时间期限，仿佛嫌这项工作还不够艰巨。爱因斯坦于1915年11月完成了广义相对论，并于1916年正式发表。这一年，他发现自己的理论暗示着宇宙中可能存在引力波。2016年正好是广义相对论发表的第100年，LIGO团队便以此为目标激励自己，希望能在2016年探测到引力波。不可思议的是，连他们自己都没想到，他们会提前完成目标。

探测器的设计细节让人眼界大开。20瓦激光器发射的光束，将沿着4千米长的直臂传播，在一个直径为1米的真空管中穿行，到达真空管的末端，被特殊的部分反射镜重复反射约 280 次，最后才进入干涉仪装置，有效提高探测器的功率。理论物理学家预测，引力波只会给镜间距带来约 10^{-18} 米的改变，不到质子直径的千分之一。为了捕捉到这微乎其微的差异，LIGO 必须隔离任何形式的外部震动，包括附近的道路交通、大陆另一头的大气运动、太平洋的洋流运动以及地球上几乎所有的大地震。

为了屏蔽外部干扰，LIGO 引入了四级摆，用于悬挂每个重达 40 千克的测试质量（连接反射镜的重物）。这个镜悬挂系统有一部分是"被动"的，允许悬挂着测试质量的建筑物晃动，但它还有一个很聪明的"主动"减震系统，能够测量地震干扰，往反方向轻轻一推，产生反向振动，从而抵消地震。这跟降噪耳机的工作原理是一样的：识别外部噪声，发出与噪声频率相反的声音，从而抵消噪声。

万事俱备，且反复测试后，引力波探测器计划于 2015 年 9 月正式投入运行。为了确保一切设备正常，第二天能够正式运行，他们在 9 月 14 日星期一晚上又做了一次测试运行。在测试之间的空当，探测器始终处于观测状态，尽管没人在用。但是，在汉福德当地时间凌晨 2 点 50 分、利文斯顿当地时间凌晨

4 点 50 分，两地的探测器几乎同时"聆听"到了一声持续 200 毫秒的"啁啾"。它们捕捉到了一个强烈的引力波信号，这个信号比他们预想的更强，也来得比他们预想的更快。它只晚了 6.9 毫秒就到达第二台探测器，证明了引力波确实以光速传播。

"啁啾"声的特征与双黑洞旋近并合的预测相吻合，其中一个黑洞的质量约为太阳的 29 倍，另一个黑洞的质量约为太阳的 36 倍，合并后形成一个约 62 倍太阳质量的黑洞。"消失"的那部分质量意味着，在碰撞并合的过程中，有约 3 个太阳质量转化为纯能量，以引力波的形式释放出去，相当于太阳光度的 10^{23} 倍（一千万亿亿倍）。

LIGO 团队反复核查观测结果，确保没有任何错误之后，于 2016 年 2 月 11 日正式宣布这一重大发现，几乎正好是在广义相对论发表 100 年后。不过，在对外公布这一消息之前，LIGO 便探测到了第二起黑洞并合事件。2015 年圣诞节那天 [1]，它发出的引力波抵

---

1. 这里说的是美国时间的圣诞节当天。天文学家通常会用格林尼治标准时间（GMT）来描述时间，这是国际通用的惯例。这里对应的 GMT 是 2015 年 12 月 26 日凌晨，因此这次引力波事件经常被称为"节礼日事件"（Boxing Day event）。

达地球，轻轻震动了 LIGO 探测器。这次合并的两个黑洞，一个质量是太阳的 14 倍，另一个是太阳的 8 倍，合并后的质量为太阳的 21 倍，大约有 1 个太阳质量转化成了能量。这证明，上一次探测并非侥幸。

自 2015 年以来，引力波不再是新鲜事。发现黑洞并合，就跟发现另一颗绕着遥远恒星旋转的行星一样，变得稀松平常。不过，有另外一种天体并合仍值得一提。

这世上还有第三台与 LIGO 相似的引力波探测器，它就是室女座干涉仪（Virgo），建在欧洲。有了这三个地基引力波观测站，科学家们可以更精确地定位引力波源。日本和印度很快也会有相似的探测器，不过光这三台就够科学家在 2017 年夏天做出举世震惊的发现。2017 年 8 月，三台引力波探测器捕捉到了同一个信号，后来确定是来源于 0.85 亿 ~ 1.6 亿光年之外的双中子星并合，它们对撞并合后的质量是太阳的 3 倍。有了三台探测器，引力波天文学家可以用三角测量法，定位引力波源在天空中的位置，并通知其他天文学家将望远镜对准那里，搜寻与它相关的天体现象。几小时内，五个团队在 NGC 4993 星系中发现了一个新的光源。在接下来的几天里，它从亮蓝色渐渐变成暗红色。两周后，它开始发射 X 射线和射电波。对它正在消逝的光芒进行光谱分析后发现，与双中子星并合天体（极超新星，hypernova）相关的剧烈爆炸，产生了大量的重元素，其中包括贵重的黄金，这不仅为记者送去了吸睛的头条标题，也为科学界解决了一个存在已久的谜题。

我在《科学七大支柱》中介绍过，2017 年之前，天文学家知道另一种类型的恒星大爆炸，即超新星爆发（supernova），能够产生黄金以及其他重元素，但是这类事件的"生产力"有限，我们在宇宙中看到的重元素，不可能全都由它们生产。事实证明，极超新星正好能够弥补空缺。仅 2017 年 8 月观测到的双中子星合并，就产生了 3 ~ 13 个地球质量的黄金。整个宇宙拥有的黄金，至少有一半是由极超新星贡献的。虽然这听上去很不可能，但是你所拥有的珠宝中，有很大一部分黄金是中子星对撞并合的产物。

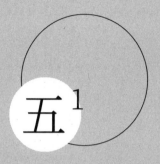

五[1]

牛顿、主教、
水桶和宇宙

---

1. 这章重新介绍了我在《大爆炸探秘》（*In Search of the Big Bang*）初版中提到的一些想法。很遗憾的是，后来再版时这部分内容被删了，因为编辑觉得严重偏离主题。不过，经过适当的修改，它们在这本书中找到了家，而且很契合主题！

前面介绍了不少现代物理学的辉煌成就，让我们稍微喘一口气，从 21 世纪尖端科学中抽身，将目光投向更久远的年代，投向一个更哲学（或形而上学）的极不可能事件，一个连艾萨克·牛顿（Isaac Newton）那样的大科学家都感到费解的谜题。除了牛顿以外，这个谜题还涉及一桶水、一根长绳以及一位主教。看到这里，你可能以为我在开玩笑，但确实就是这几样东西，牵引出了有关宇宙本质的深刻真理，并启发了爱因斯坦创立广义相对论。

不过，想知道这个谜题是什么，不一定非水桶不可。每当你将奶油倒入咖啡中，用勺子搅拌它，看它在杯中旋转,形成漂亮的漩涡,谜题其实就在眼前——咖啡和奶油如何"知道"自己在旋转?你可能会猜,既然它们沿着杯壁旋转,只要以杯壁为参照,便能"知道"自己在动。事情没那么简单。

小小的杯中暗藏玄机,牛顿是第一个从中窥破"天机"的人(据我所知,牛顿生活的那个年代很流行喝咖啡,而他正是在搅拌咖啡时,灵机一动,萌生此念),但是第一个提出相近猜想的人应该是伽利略——加速度(而不是物体运动的速度)让我们意识到了外力的存在。在地球上,一个物体运动时,总会受到诸多外力的掣肘,试图减缓它的速度,比如摩擦力、风阻力以及其他无法摆脱的作用。我们必须不断对其施加推力,才能让它保持运动。在太空中,除非受到外力作用,否则物体将保持匀速直线运动,正如我们从电视上看到的宇航员太空漫步那样。与物体在太空中的运动状态最接近的,可能是冰球在冰面上的滑行,还有一个相对不那么接近的例子,就是冰球在冰球台上的滑行。它们似乎总以恒定的速度保持直线滑行,直到受外力干扰,才会改变运动状态。牛顿不像我们这么幸运,能够看到宇航员太空漫步的电视直播,但他依然凭借个人的聪明才智，研究出了一条重要的运动定律，即加速度等于力除以物体质量，并借助万有引力定律，将这条定律加以扩展，揭示行星绕太阳运动的轨道。在今天的术语中，在不受外力影响的情况下，物体保持匀速直线运动状态的参照系称为"惯性坐标系"（inertial frame），简称"惯性系"。牛顿认为一定存在某种基本的惯性系，或者某种绝对静止的标准，由"空无一物的空间"（empty space）决定。他的观点是，一切物体总相对于"空无一物的空间"保持匀速直线运动，直到外力使其产生加速度为止。

这个观点存在一个明显的问题：你怎么知道"空无一物的空间"是什么？没人能在那个空间里钉一颗钉子，以它为绝对的参照物测量速度。那么，你怎么才能找到一个绝对静止的参照物？这时，水桶实验出现了。牛顿认为他能用它来证明基本惯性系，正如他在自己的传世巨著《自然哲学的数学原理》（*Philosophiae Naturalis Principia Mathematica,*

"*Principia*"）中叙述的[1]：

逐渐远离圆周运动转轴的力，可区分绝对运动和相对运动……用长绳吊一水桶，让它旋转至长绳扭紧，然后将水注入，并固定住桶，让桶与水暂时处于静止状态[接着松开]；长绳的扭力使桶突然沿反方向旋转，绳子也开始放松……水的表面起初是平的，和桶开始旋转前一样；在那之后，桶逐渐将运动传递给水，使水也跟着旋转，渐渐脱离其中心，趋于边缘上升，形成凹状（正如我在实验中观察到的[2]），运动越快，水升得越高。

这时，如果你突然抓住桶，迫使它停止旋转，水仍会继续旋转，朝桶壁上升，但速度会越来越慢，最后水面重新变平，就像停止搅拌后的咖啡一样。实验的重点不是水和桶的相对运动，而是水相对于（牛顿是这么认为的）"虚无空间"的绝对运动。当桶转水

---

1. 牛顿这段话的英译文，包括后文出现的贝克莱主教的话，皆出自丹尼斯·夏玛的《宇宙的统一性》（*The Unity of the Universe*, Dennis Sciama, Faber & Faber, London, 1959）。

2. 这句话透露了一个重要的信息：牛顿真的做过水桶实验，不是在脑中想象而已。

不转时，水面是平的；当水转桶不转时，水面是凹状的；当两者都在旋转时，即它们相对于彼此是静止的，水面仍是凹状的。今天，你可以用更现代化的东西，代替这个实验用到的物品，比如将咖啡杯放在一个转盘的正中央，接着转动转盘。杯子和咖啡都将随转盘旋转，杯中的水呈凹状，它似乎"知道"自己正在旋转，于是相应地改变形状。牛顿认为这证明了绝对空间的存在，但是许多哲学家反对他的实验结论，也不相信有绝对空间存在，因为牛顿描述的绝对空间不具有可观察性，因而不可能真的存在。尽管如此，针对牛顿的水桶实验，他们必须找到其他合理的说法，解释是什么令水"知道"自己在运动。30年后，乔治·贝克莱（George Berkeley）[1]给出了说法。他是个爱尔兰人，出生于1685年（《自然哲学的数学原理》出版前一年），长大后成了著名的哲学家、经济学家、数学家、物理学家和教会主教 [套用喜剧演员埃里克·莫克姆（Eric Morecambe）的一句经典台词，这里的身份排名不分先后顺序]。

---

1. 美国加州的贝克莱市（Berkeley）便是以他的名字命名的。

贝克莱说，要测量物体的运动，必须以另一物体为参照，牛顿的"绝对空间"完全不满足这个要求，因为它实际上什么也不是，无法被感知。正如他说的："没有物质，就没有空间。"他指出，假设宇宙中的一切物体都堙灭了，只剩下一个行星（让我们暂时将地球当作这个幸运儿），无论是相对于宇宙空间，还是自旋，我们皆无从判断它是否运动。离开参照物谈运动是没有意义的。即使剩下的行星不止一个，而是两个，但是它们完全光滑，且相互环绕，也无法判断它们是否运动。贝克莱接着说，"如果天上的某些区域突然有了固定不动的群星，只要测量行星相对于这些区域的位置，便能想象它们的运动状态"，因此"只要将绝对空间换成由恒星确定的相对空间，一切就说得通了"。按照贝克莱主教的逻辑，杯中的咖啡之所以趋向边缘升高，是因为它相对于遥远恒星在旋转。

除了杯子与咖啡之外，还有另一个与水桶实验相似的例子，许多人其实早已见过，它就是傅科摆（Foucault pendulum）。今天，许多科学博物馆都会放这么一个自行运动的庞然大物，当我们脚下的地球自转时，它的摆垂会沿同一平面缓慢转动。虽然我们相对于地面是静止的，但是我们会注意到傅科摆平面在转动。用贝克莱的话说，傅科摆"知道"它相对于"固定不动的群星"以及遥远宇宙（今天我们知道了还有更遥远的宇宙）在转动，因此它会保持与它们的相对运动不变。

可它是如何"知道"的呢？是什么神秘的力量，穿越浩瀚的宇宙，轻轻拨动地球上的一桶水、一只摆？这个问题同样没有答案。因此，贝克莱的论点在他生前未能被广泛接受，在他死后更是沉寂了一个半世纪。直到19世纪下半叶，恩斯特·马赫（Ernst Mach）提出相同的论点，它才重获新生。速度与音速的比值就是以马赫之名命名的，让这位伟大的物理学家流芳百世。

马赫1838年出生于奥匈帝国，在维也纳大学获得博士学位，1867年到布拉格大学担任教授，1895年回到维也纳，1916年去世，同年爱因斯坦发表了广义相对论。马赫与广义相对论的渊源，不只是年份上的巧合。1883年，他在布拉格任教期间出版了《力学及其发展的批判历史概论》（*Die Mechanik in ihrer Entwickelung: historisch-kritisch dargestellt*, Die

Mechanik），否定了"绝对空间"和"绝对时间"，令"绝对运动"变得更扑朔迷离，对爱因斯坦的广义相对论产生了重要影响。马赫写道："[当]我们说物体在'空间'中保持方向和速率不变，这里的参照系'空间'是'整个宇宙'的简称。"[1]

在介绍马赫理论与广义相对论有何关联之前，我们需要先认识两个重要的物理量。物理学中有两类质量，一类出现在牛顿第二定律公式中，体现了物体对外力的抵抗能力，称为"惯性质量"（inertial mass），另一类决定了物体之间相互拉拽的引力大小，称为"引力质量"（gravitational mass）。两物体间的引力与其引力质量乘积成正比，与距离平方成反比，遵循牛顿的平方反比定律。有意思的是，一切物体的惯性质量与引力质量都是相等的，你可以测量一个物体受到引力作用的大小（任何物体在地球上都受到地球引力作用，只要称一称它的重量便可得出质量），从而得到它的引力质量，或者用特定大小的力去推它，测量它的速度变化快慢，从中算出它的惯性质量。

---

1. 这几个加引号的名词是马赫本人刻意强调的。

这是两个完全独立的实验，但是得到的数值总是相同的，意味着惯性与引力之间一定存在某种深层次的联系，这也解释了为什么在日常生活中，我们会看到所有物体自由下落的速度是一样的。

牛顿认为，惯性是物体的固有性质，所有物体都具有惯性，不管它被放入有其他物质存在的宇宙中，还是空洞无物的宇宙中，它的惯性都是一样的。马赫的观点是，惯性是由"固定的群星"造成的，也就是说一个物体表现出来的惯性是与宇宙中其他物质作用的结果，将其他物质全部拿走，只留下一个孤独的物体，它的惯性将不复存在。后来，他甚至进一步推断，地球旋转会导致赤道隆起。这是一个相当有趣的预言。

在日常语境下，大家经常说赤道隆起是由离心力引起的。任何有骨气的物理学家都不喜欢"离心力"（centrifugal force）这个词，因为它是物体做圆周运动时产生的"虚拟力"，而不是真实存在的力。实际情况是，地球自转时，如果失去地球引力的作用，靠近地球赤道表面的物质将沿切线做直线运动。多亏了这个指向地心的力（向心力），地球才不至于解体，将所有物质抛向太空。如果有人发明了一种能够抵消地球引力的机器，那么它不会像赫伯特·乔治·威尔斯（H.G. Wells）的《最早登上月球的人》（*The First Men in the Moon*）中卡佛尔（Cavor）先生乘坐的登月飞船那样向上飞，而是会沿切线方向离开地球。如果地球自转得够快，将一些物质甩到太空中，它们的运动轨迹也是如此。地球自转与引力的相互作用，是地球赤道隆起成因的最佳解释，但是我不想陷入这些物理定义的繁文缛节之中，而且我是个不拘小节的作者，因此我会继续使用"离心力"这个术语，来描述地球自转产生的力。真正重要的是，地球确实在赤道附近隆起，而且隆起的原因确实与地球自转有关。说到这里，马赫终于亮出了批判绝对空间观的撒手锏。他说，地球与恒星孰动孰静并不重要，重要的是相对旋转。不管是地球转恒星不转，还是地球不转恒星转，赤道都会隆起——用他的话说："是恒星不动，地球绕地轴自旋，还是地球不动，恒星绕其旋转，不管我们怎么想象，其实都无所谓。"爱因斯坦吸取了这些精辟的见解，将它们命名为"马赫原理"，并将物体的惯性定义为宇宙万物共同作用的结果。不过，并非每个人都买马赫的账，列宁（Vladimir Ilyich Ulyanov）和罗素（Bertrand Arthur

William Russell）便曾痛斥他的观点。

等效原理（引力质量等于惯性质量）成了爱因斯坦建立广义相对论的基石之一。他试图将马赫原理融入广义相对论中，并认为引力质量与惯性质量相等，原因是引力就是惯性力的来源。

但是，要证明引力与惯性力的关系很难，人们很容易给出一些毫无实质性的依据（就像有些人说不出个所以然来，只能虚张声势地做很多手势，仿佛凭手势就能唬住人）。引力是双向的（实际上应该是全向性的）——地球在拉我，我也在拉地球。地球在拉月球，月球也在拉地球，因此它们围绕着共同的质量中心旋转，这个质心位于地表以下1700千米处，而非完全位于地球的中心。如果"固定的群星"伸出引力之手，影响物体在地球上的运动，那么从理论上说，物体也会相应地向"固定的群星"施加影响。在遍布全宇宙的引力网中，当我们施加一个力，让某个物体旋转，或令它沿直线加速运动时，它会像在蛛网中挣扎的苍蝇一样，扰动其所处的引力网，由此产生的扰动将沿着这张网传播出去，到达恒星（从更现代的视角看是到达星系处）所处的地方，它们将反握住宇宙的"引力之手"，施加某种反作用，将其传回原点，使物体产生惯性，反抗加速度，维持原运动状态不变。

刚开始，你可能觉得上面这段话很有道理，但是当你猛然回忆起来，没有任何信号能快过光速，你就会觉得好像哪里怪怪的。如果我推一下桌上的铅笔，它立马就"知道"我在推它，并"知道"它应该使出多大劲儿来反抗我的推力。在牛顿提出的空无一物的空间中，来回传播的信号并无用武之地。到了爱因斯坦这里，他将时空想象成一张有弹性的织物，并且是一个四维的结构，身处其中的物质会扭曲时空，时空扭曲反过来又会"告诉"物体该如何运动。这个想象给了我们一个截然不同的视角，还给了我们用广义相对论方程求解这道难题的方法，而不是用苍白的手势服人。

当爱因斯坦四处物色引力理论时，从一开始他便打算将马赫原理作为广义相对论的基础原理之一。我们经常用时空凹陷来描述双星系统（比如双中子星）的运动，并选择性地屏蔽宇宙的其他部分，假装它们所处的时空完全平坦。但是，从原则上说，时空当中的任意一点都会受到宇宙其他物质的引力作用，因为引力不受空间限制，哪儿都能去。除了其他物质的引力作用，还有另一个很微妙的作用经常被选择性地忽视。如果你将一个重物（如保龄球）放在一张绷紧的弹力布上（如蹦床），它会将蹦床压得下陷，产生一个凹陷。如果你将它移走，接着拿来另一颗球，放在蹦床上的其他位置，它会产生另一个凹陷。这两颗球分开产生的凹陷之和，并不等于它们在蹦床上共同产生的凹陷，因为当你将第二颗球往上放时（不移走第一颗球），由于另一颗球的存在，蹦床早已是扭曲的。这还只放了两颗球，如果将宇宙一切物质都放进来，可想而知时空的形状该有多复杂！从这点便可知，双中子星运动的时空，或者说任何物体所处的时空，并不是平坦的。

广义相对论的方程应考虑所有遥远物体的作用，以它们为参照物，度量加速度、惯性力、旋转。它们确实这么做了，却有一个问题：只有在闭合宇宙时空的条件下，它们才能呈现马赫原理效应。几十年来，这一直被视为爱因斯坦理论的缺陷，如《奇观·三》所述，天文学家一度认为宇宙是开放的。事实上，宇宙只要正好闭合即可，不用多，也不用少；它可以无限靠近平坦，但必须站在闭合这一头。宇宙暴胀理论和宇宙微波背景辐射的观测结果皆证明，今天的宇宙无限接近于平坦，这与广义相对论的预测是相符的。因此，这实际上是一种胜利，而不是一个缺陷。

更妙的是，一些实验证据表明，有一个基于马赫原理的广义相对论预言是真的，与大质量物体对时空的影响有关。广义相对论发表没多久，就有两个理论物理学家用它的方程推导出大质量物体如何产生局部的马赫原理效应，称为"参考系拖曳"（frame dragging）。这个现象有几个不同版本的说法，其中一个是：你可以想象一个绝对光滑的球壳里放着一个物体，球壳相对于遥远星系在旋转，如果以马赫原理为基础的广义相对论是对的，那么壳内物体会"感觉"到有一股微小的力随着球壳旋转在拽它。在另外一个版本中，广义相对论方程告诉我们，旋转的大质量物体（如地球）会拖动周围时空，产生微小的参考系拖曳效应。1918 年，奥地利物理学家约瑟夫·冷泽（Josef Lense）与汉斯·提尔苓（Hans Thirring）通过广义相对论推导出因旋转而产生的参考系拖曳（又称"冷泽－提尔苓效应"），并预测这种拖曳力非常微弱，因此大家都觉得不可能观测得到。令人难以置信的是，后来科学家真的观测到了。

2004 年，引力探测器 B（Gravity Probe B）发射

升空，进入地球轨道。它携载了 4 个陀螺仪，每个转子约为乒乓球大小，与理想的完美球体相比，误差小于 10 纳米，即不超过 40 个原子的尺度。通过监测陀螺仪的旋转，斯坦福大学的实验者测出每年 37.2 ± 7.2 毫弧秒的参考系拖曳效应，广义相对论预测的数值是每年 39.2 毫弧秒。这只是引力探测器 B 取得的伟大成就之一，不过其他成就与本书无关，我就不赘述了。重要的是，它证明广义相对论的预言是真的，马赫原理是对的。在结束这一章之前，我想提一个以前没人想到过的预言，如果过去有人提出这个预言，说不定就能早 100 年暗示马赫原理是对的。

在这一章，我反复使用了两个过时的名词——"固定的群星"和"遥远的星系"，因为今天我们所知道的银河系，是 20 世纪 20 年代人们眼中的全宇宙，一个包含数千亿颗恒星的恒星岛。直到后来，人们才发现我们其实居住在一个扁平的星系盘上，银河系外还有许多相似的岛屿（有的是盘状的，有的不是）。最后（直到 20 世纪末 [1]），人们终于确定我们的银河

---

1. 详见《天文台》（*The Observatory*），第 118 卷，第 201—208 页（1998）。

系只是一个中等大小的普通盘状星系，位于宇宙中一个毫不起眼的小角落里。这时，人们才清楚地认识到，宇宙中存在不计其数的星系。不曾有人预测到这点。或者说，有谁能预测得到呢？

天文学家很早就开始研究横贯天空的光带，即我们今天所说的银河系，并推断出我们生活在一个状似磨盘或磨石的恒星群中，但是直到20世纪20年代末，美国人哈罗·沙普利（Harlow Shapley）用当时世界上最强大的望远镜——加州威尔逊山天文台的100英寸望远镜——观测星空，才为我们全面地认识银河系奠定了基础。遗憾的是，那台望远镜不足以让他观测到更远的星系，得有更大更好的望远镜才行。但是，如果当时的沙普利相信马赫的猜想，说不定就能联想到银河系外还有其他星系存在。

20世纪20年代，人们已经清楚地知道银河系是一个扁平的圆盘，由无数恒星组成。但是，它为什么是扁平的呢？因为它在旋转，而不是因为它是一个状似磨盘的固体物质。它怎么"知道"自己在旋转呢？马赫原理告诉我们，这是因为银河系外分布着某些物质，为银河系的旋转提供了一个参照系。按这个逻辑推下去，人们自然而然地会想到，如果我们的银河系是一个恒星岛，那么宇宙中一定还有其他恒星岛（星系）。如果当时有人能联想到这一层，那么当埃德温·哈勃和其他人发现河外星系，并提出宇宙真正的尺度有多大时，世人也许就不会那么震惊了，而是会将其视为对马赫原理和广义相对论的验证。

可惜历史并没有按这个剧本发生。下次将奶油倒入咖啡里时，你不妨用勺子搅拌杯中的液体，观察它如何沿边缘上升，形成凹状。虽然不可思议，但是液面呈凹状，是因为它感受到了数亿光年外的数亿个星系的作用。

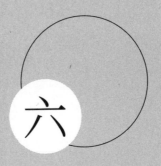

六

蝴蝶效应

前两章提到的不可能之可能，都聚焦于大事件对小事件的影响，比如深空中的巨大碰撞，激起地球物体的微小变化，宇宙"告诉"微尘如何抵抗涟漪。有时，小事件也会对大世界产生巨大的影响。说到这里，你可能已经想到了"蝴蝶效应"（butterfly effect），一个和"量子跃迁"[1]一样经常被误用的术语。许多人都听过蝴蝶效应，但是它背后的真相远比大众所

---

1. 量子跃迁（quantum leap）其实是最微小的变化，而且完全是随机的。当广告商说他们的产品与去年相比是一次"量子跃迁"时，他们想表达的应该不是这个意思。

想的更深刻复杂。

　　从牛顿生活的时代到 20 世纪，人们想象中的宇宙处处充满秩序，坚定地服从简单的法则。著名的牛顿三大定律告诉我们物体如何在力的作用下运动，并解释了行星与恒星的轨道。基于此，牛顿将宇宙比作一个钟，只要从一开始上足了发条，就会按部就班地走在一条可预测的轨迹上。在牛顿生活的那个年代，人们就已经察觉到这个比喻背后隐藏着一个问题，只是大多数人选择忽视它，希望某天其他聪明人会找到答案。这个问题涉及天体的引力和轨道，被称为"三体问题"（three-body problem）。事实上，任何由两个以上天体组成并通过引力相互作用的系统都会面临同样的问题，因此也可以叫它"N 体问题"。

　　我们能够用牛顿定律精确地算出两个天体在引力作用下互相环绕的轨迹，但是一旦涉及三个或更多的引力天体，牛顿定律便无法精确求解。我们可以忽略太阳系中的其他天体，单独计算月球绕地球运行的轨迹，或者地球绕太阳运行的轨迹，但是我们无法计算出日、地、月三个天体在相互引力作用下的运动轨迹，更不用说将更多行星乃至整个宇宙放进来。原则上，这是不可能做到的，不仅因为这道题对人类而言太难了，还因为相关的方程组"不可积"，或者说没有解析解。

有时，我们可以"曲线救国"，采用近似的解法，比如在日地月系统[1]的例子中，假设地球不动，计算月球在一段很短的时间内如何运动，然后忽略月球，计算地球同一时间在太阳引力作用下走了多远，接着计算月球在下一个时间段的轨道运动，不断重复前面提到的步骤（迭代计算）。事实上，在每一次迭代中，月球都会受到太阳引力的作用，因此我们计算出来的结果不可能完全精确。那么月球对太阳和地球的引力作用呢？在这个例子中，太阳质量比行星大得多，因此近似法对计算太阳系行星和更小天体的轨道很有效，但是如果三个天体的质量差不多，那么这个问题就无法求近似的解析解。没有解析解，意味着宇宙无法"知道"这个三体系统未来的状态。

在计算的过程中，如果初始条件的微小差异只会造成结果的微小差别，那么就算初始条件不那么精确，也不会造成多大的影响。然而，实际情况并不

---

1. "系统"这个词可以指任何一组相互作用的物体，例如太阳系。

总是如此，这就引出了我要讲的混沌（chaos）故事的前一半。在一个系统中，如果初始条件的微小变化，只会造成结果的微小差异，那么这个系统是线性的；如果初始条件的微小变化，足以造成结果的千差万别，那么这个系统是非线性的，"对初始条件具有极为敏感的依赖性"。法国数学家儒勒·昂利·庞加莱（Jules Henri Poincaré）1908 年在《科学与方法》（Science et Mé thode）一书中精辟地总结了这个现象：

　　一个被我们忽视的渺小的因，产生了一个让人无法忽视的果，然后我们声称这样的结果是随机的。如果我们准确地知晓宇宙的自然规律和初始条件，我们就能准确地预测它未来的状态。事实是，即使我们勘破所有自然规律，也不可能"准确无误地"知道初始条件。如果只要用"近似的"初始条件，便可以准确地预测一个系统未来的状态，除此之外不需要其他输入，那么我们就可以说这个系统的状态是可预测的，是受自然规律支配的。但是现实并不总是如此，初始条件的微小差异，很可能对最终的状态产生巨大的影响。差之毫厘，谬以千里。在这种情况下，未来的发展是不可预测的。

让我用一个简单的例子加以说明。落基山脉是北美大陆重要的分界线，绵延起伏的峰峦组成了"大陆分水岭"（continental divide），将东西分隔开来。落在该分界线以东的雨水最终流入墨西哥湾或大西洋，落在该分界线以西的雨水最终流入太平洋。但是，就在这条分界线上，一定有某些区域的雨滴一旦偏差不到1厘米，就会奔向截然不同的归宿。一片云中有两滴雨滴同时坠落，在大陆分水岭的着陆点相距不到1厘米，但是一个最终流向大西洋，另一个流向数千英里外的太平洋。结论就是，雨滴的命运对初始条件极其敏感。这样的例子还有很多。两个海洋一东一西，似乎都在吸引雨滴奔向自己。与平衡态相关联的吸引子（attractor），是混沌故事的另一半。

想看一个简单且常见的吸引子，你可以将一颗弹珠放入一个圆底碗里，让它在碗里滚动几下，观察它最后的归宿。在碗里滚了几回后，它最终会停在碗底，处于与该系统最小能量相对应的平衡态，这个状态就是该系统的吸引子。吸引子不一定总是一个独特的点。将这颗弹珠拿出来，放在一个帽子的帽尖上，它会从上面滚下来，掉入向上卷的帽檐里，帽檐的形状好似一个"山谷"，"山谷"的每一个点都对应同一个能量最小的状态，物理学界将其称为"墨西哥草帽势能"（Mexican Hat potential），整个"山谷"就是一个吸引子。

通过这些简单的例子，我们看到了系统最终会走向平衡态，不再发生变化。这与熵有关，熵是用来度量一个系统无序程度的物理量，熵越大，无序程度越高。封闭系统（与外界没有物质交换但有能量交换的系统）的自然趋势使事物变得越来越混乱，系统越来越无序，熵越来越大。让我举一个很典型的例子，假设你有一个盒子，被一个隔板隔成两半，其中一半充满气体，另一半是真空的，隔板随后被移走，气体开始朝四周扩散，均匀地充满整个盒子；这时，盒子里的秩序减少了，因为原先被隔成两半的空间再无区别。看到这个例子，你可能会以为系统总是朝着熵最大化的方向发展，但是现实世界不存在完全孤立的系统，与外界的接触是不可避免的，这些接触可能掀起巨大的波澜。

如果两个容器都装满两种气体的混合物（这项实验的经典版本用的是氢气和硫化氢），并用一个细长的管子相通，当系统的熵达到最大时，容器中的气体将均匀地混合在一起。如果一个容器的温度比另一个稍高，较轻的分子（氢气）将集中在温度较高的容器中，较重的分子（硫化氢）则集中在较冷的容器中，秩序得以建立，因此熵减小。即使只偏离了平衡态一点点，也足以完全改变一个系统的行为。一般情况下，一个无限接近但不处于平衡态的系统会被熵变最小的状态吸引。更简单地说，只有当系统近似平衡，且存在能量交换时，才会发生美妙的变化。但当系统处于平衡态时，什么变化也没有。当系统远离平衡态时，事物变化乱无章法。我们生活在一个美丽的蓝色星球上，源源不断地接收来自太阳的能量，身边充满了美妙有趣的事物及演变，包括人类自身也是，这并不是巧合。有序的生命与无序的混沌只有一线之隔。

我们能够从现实生活中找到一个系统从有序向无序转化的例子，在转化的过程中，系统从一成不变的平衡态，过渡为拥有美妙变化的近平衡态，最后转变为混乱无序的混沌态。在一条缓缓流淌的河流中，有一块露出水面的石头，河水从它跟前流过时，先是分开来，然后在它身后汇合。我们可以从上游往河中扔几块小木头，一路跟着它们来到下游的岩石边上，观察河水的流动。水流可能会逐渐增大，这是由上游下过大雨或者其他缘故导致的流量变化。一开始，河水会在岩石身后形成小漩涡（或涡流），并停留在形成之处，吸住从上游漂下来的小木头，这些漩涡构成了某种吸引子，被卷入漩涡的物体会不停地打旋。随着水流变大，漩涡会被带离岩石，往更下游去，维持着快速旋转的漩涡形状，过一段时间才消失。在它们离开后，不断有新的漩涡在岩石身后形成，接着又被带往下游。随着水流持续增大，岩石后方形成漩涡的空间越来越小。最终，即使是岩石后方的水也变得湍急，并以混乱且不规则的方式流动，再也无法产生漩涡。一个真正的混沌系统是没有吸引子的，这一切之所以会发生，只因为一样东西变了——水流速度。如果一个因素变了，即系统数学模型中的一个数字变了，整个系统的行为就会千差万别。说到这里，话题就回到了开头提过的那只蝴蝶——只要它挥动翅膀，就能改变气候。

这个故事要从 1959 年讲起。当时，爱德华·洛伦茨[1]正在用计算机模拟大气，这是实现用计算机预测天气情况的重要一步。他的设想是用计算机"运行"

---

1. 爱德华·洛伦茨（Edward Lorenz, 1917—2008），美国数学与气象学家，混沌理论之父，蝴蝶效应的发现者。（译者注）

描述天气状态的方程组，"算出"未来几天或几周的天气演变，而他原本的预期是这些方程组的计算结果，会让他看到某些天气模式极其稳定，容易预测。今天，我们将那些稳定的状态称为吸引子。当然了，他使用的计算机远没有今天的强大，但他当时并不是想预测真实世界的天气演变，只是想小范围地测试一下自己的模型（科学家亲昵地称之为"玩具模型"），初步评估自己的设想是不是对的。这个模型所需的输入很简单，只要一串代表气温和气压的数字，它的输出则是一个对应的列表，可以被转化为一张简陋的"天气预报表"。

　　洛伦茨测试了两遍，每遍输入的都是同一组数字（在他看来是同一组数字），但是得到的结果却大相径庭，令他大吃一惊。后来才发现，两次输出相去甚远，是因为输入的微小差别：第一次输入数字时，他保留了六位小数（比如 0.506127）；第二次输入数字时，他"偷工减料"了一下，只保留三位小数（比如 0.506）。每个参数两次输入的差异只有 0.025%，却彻底改变了天气预报的结果。如果现实中的地球大气真的对初始条件如此敏感，那么用计算机预测天气就是一种妄想。不过，后来真相逐渐水落石出，也让我们知道了今天气象学家为什么有时对自己的预测胸有成竹，有时又像在豪赌。为了解释这背后的玄机，我们需要借助一个被物理学家称为"相空间"（phase space）的假想空间。

相空间就像真实的山水那样，群山连绵起伏，村庄散落山间，有丘陵，有高峰，有山谷，有壶穴。相空间里的每一个点，都对应所研究系统的一组物理性质。要在相空间里表述大气，我们不能简单地用一个点来对应某一单一性质（如气温），而是用一个点来对应气温、气压及其他性质的组合。相空间里的"山峰"代表一种极不可能的大气状态，"壶穴"则代表一种极具吸引力的大气状态。用计算机模型展开运算，就像是从一个特定的点将水倒入相空间之中，那些水将遵循模型的方程，沿着"山峰"往下流，被"壶穴"吸引，汇入其中。"壶穴"就是吸引子，即该系统最可能走向的状态。但是，和落基山脉上空的雨水一样，相空间里的水也有多种路径可走，它们最终的归宿在哪里，对初始条件是敏感的。出发点稍微偏了一点儿，目的地便可能天差地别。那些路径就是系统演变的轨迹，沿轨线分布的点代表未来各个时刻的预测变化。一个典型的相空间的轨迹最终会走向一个类似于壶穴的池子，像河中漩涡里的水一样，一圈又一圈地打旋。如果有一道平缓细长的脊线像沙洲那样，横亘在两个池子之间，那么这条轨迹偶尔会（且不可预测地）跨过脊线，到另一头的池子里打旋，仿佛"周旋"于两个吸引子之间。在现实世界中，这种现象表现为大气系统从一个状态变为另一个状态。

洛伦茨发现蝴蝶效应后的几十年里，气象学家观测到天气有时对初始条件很敏感，有时又不敏感。这年头，气象学家预测未来几天的天气时，并非简单地输入与今天天气条件完全对应的数字，进行一次模拟，而是会输入略微不同的初始条件，多次运行模拟。有时，所有模拟给出的结果大致相同，即所有轨迹最终都走向了同一个吸引子，并在其中盘旋。有时，它们给出的结果相差很大，就像 1959 年洛伦茨碰到的那样。在第二种情况下，想要准确地预测天气的走向是不可能的，不是因为气象学家用的模型不好，而是因为这个世界本就如此。当大气处于对初始条件敏感的状态时，它会变得风云莫测、变化多端。

在这种状态下，蝴蝶效应应运而生。1972 年，洛伦茨在华盛顿特区的一次会议上提出："一只蝴蝶在巴西扇动翅膀，会在得克萨斯州引起龙卷风吗？"虽然这个例子不太高明，因为巴西和美国分别位于不同的半球，以赤道为界的南北半球的天气系统对彼此几乎毫无影响，但是他的言下之意是，当天气对初始条件极其敏感时，无论多么微小的变化，都会极大地影响系统在相空间里的运动轨迹。为了更好地理解蝴蝶效应发生的场景，我们可以想象将热带北大西洋气候放在相空间里的沙洲上，塞内加尔[1]的一只蝴蝶振动翅膀，可能会影响它的走向，使它要么偏向一边的吸引子（形成飓风），要么偏向另一边的吸引子（不形成飓风）。我举这个例子，并非想说它有多科学严谨，也不是想暗示蝴蝶单凭一己之力，挥几下翅膀，就能撼动一个庞大的系统，令它瞬间改变发展方向。实际上，那些微小变化产生的影响，更像是压死骆驼的最后一根稻草。

但是，今天的蝴蝶效应背后隐藏着一个令人不安的趋势。一些气候学家认为，地球整体气候有几种可能的稳定态（吸引子），第一种是维持过去几千

1.塞内加尔（Senegal），非洲西部的一个国家，首都达喀尔（Dakar）。（译者注）

年的气候模式，第二种是对应于上一次冰河期的寒冷态，第三种是比当前气温平均高 6℃ 的炎热态。大气层中的二氧化碳增多，会造成地球气候变暖，全球暖化的标准模型显示，自工业革命以来，大气中二氧化碳含量持续增加，温度持续升高，今天大气中二氧化碳的浓度已经达到了工业革命之前的 2 倍左右，温度也升高了 3℃ 多一点儿。盖亚假说的提出者詹姆斯·洛夫洛克（James Lovelock）认为，21 世纪末地球气候将进入炎热态。根据他的说法，我们可以将当前的状态与未来可能发生的炎热态比作相空间里的两个吸引子，中间隔着一个小沙洲，随着气温不断升高，轨迹在当前状态的池子上空不断回旋，最终突然跨入另一个池子的领地。如果真被他说中了，那么留给我们遏制全球变暖的时间已经不多了，甚至比大多数人所想的还要少。

先不管这些悲观的预言。关于世界是怎么运作的，混沌理论能告诉我们什么？牛顿曾将宇宙比作一台可预测的时钟，但是这台时钟怎么突然就不准了呢？

这两个问题的答案有喜（对于人类而言）也有忧（对于机械宇宙观而言）。混沌理论的通俗解释，引起了一些令人恐慌的猜想，不少人将它曲解为一切事物都是不稳定的，因为从严格意义上说，整个太阳系处于混沌态，只要出现一些微小的扰动，例如彗星飞掠，便可能令地球突然冲出轨道，甚至撞向太阳。然而，混沌是有程度之分的。那些人所担心的极端情况，确实可能发生在受大天体（如木星、太阳）引力作用的小天体（如小行星）身上，但是地球轨道另当别论，它只会在有限的混沌范围内变化。现代计算机能够极大地利用渐进迭代法求解三体问题，计算地球轨道未来几亿年可能发生的变化。

按照惯常的做法，科学家会进行多次计算，每次使用略微不同的起始条件，看结果是否受其影响。这些数学模型告诉我们，未来的几十亿年中，基本上直到太阳死亡的那一天，太阳系八大行星的轨道只有极小的概率会发生剧烈变化。地球轨道对初始条件的敏感度很有限，有一个例子能够说明这一点。计算之初，科学家将地球在轨道上的初始位置改变了5米，但是地球的最终位置并没有因此偏离了轨道5米。接下来，初始"误差"被设得越来越大，大到一定程度后，模型才开始无法准确预测地球1亿年后的轨道位置。该模型让我们看到，地球的最终位置可能会有微小的变化，但它始终处于公转轨道上的某个地方，不会突然"说走就走"。光这一点，大家至少可以放宽心了。整个地球轨道其实就是一个吸引子，类似于墨西哥 c 草帽帽檐上势能最低的凹陷处。

不过，有些人可能会想，之所以存在这样的变化，是因为我们无法准确测量地球在轨道上的位置，或者无法准确测量大气某一点的气温和气压等。如果能够精确到足够多的小数位，我们是不是就能消除不确定性，并且如牛顿所愿，万物皆可预测？这么一来，宇宙便"知道"每个物体的运动轨迹，从而成为一个确定性系统？答案是否定的，但是有一个条件。

问题是，不是每个数字小数点后面都能写得尽，这与数字的性质有关。古希腊人早已意识到这点，只是形式略有不同。数字有三种常见的类型，第一种是整数，如 1、2、3 等，很容易理解，也易于计算。第二种是两个整数之比，如 1/2、3/4 等，被称为有理数，同样书写简洁，计算简便。古希腊人还意识到另一类不能写作两个整数之比的数，它们被称为无理数。对古希腊人最重要的一个无理数，也是今天我们最熟悉的一个无理数，就是圆周率（π），即圆的周长与直径的比值。在计算公式中，我们可以粗略地用有理数 22/7 来表示它。如果我们用现代的表示法，将这个有理数表示为小数，就能一眼看出它只是一个近似值。今天，利用各种现代计算技术以及超级计算机，我们能够算出圆周率小数点后的几百万位，而它始于：3.14159265358979323846264338327。

22/7 只是一个粗近似值，约等于 3.142857，从第三位小数开始就跟 π 不一样了。用小数形式来表示无理数的话，它最重要的特征是无限不循环，即小数点后面的数字没有重复的规律。1/3 化成小数是 0.333333…（3 循环），小数点后面的"3"依次不断重复，你可以遵循这个简单的规则，将它简化为"0.3̇（3 循环）"。一切有理数都可以根据这种规则（或算法）化为小数，但是没有算法能将 π 或者任何无理数化为确切的小数，你只能写下一长串无穷无尽的数字，储存在一台无限内存的计算机中。光圆周率一个无理数就够呛了，它还是计算地球轨道的一个关键数字。更惨的是，大多数数字都是无理数。本来计算地球轨道位置已经很不容易了，碰到无理数简直雪上加霜，哪怕是精确地计算地球在一条直线上的位置，都异常困难。假设在 A 和 B 两点之间的直线上，地球正好处于 1/π 的位置点，你永远也无法用小数准确表示这个位置。当然，你可以退而求其次，想保留多少小数位都可以，四舍五入一下，但是万一遇到洛伦茨曾遇到过的混沌系统，有可能被你省去的下一位小数，就是大大改变计算结果的那只蝴蝶。

光是确定宇宙中一个粒子的状态，就要用到一台无限内存的计算机，这意味着唯一能够完美模拟宇宙的系统只有宇宙自身。即使一切事物都是确定的，宇宙像一台精准的钟一样按部就班地走着，它也无法准确地预测未来；宇宙和我们每个人一样，对未来一无所知，因为这世上还有一个"狠角色"，就是自由意志（free will）。总而言之，小事物也能起大作用。

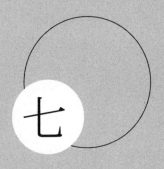

七

复杂生命的共同祖先

今天，地球上有三种生命形式，它们在生命最基本的层次（细胞）上各有不同。我们周围所看到的生命，比如树木、人类、蘑菇、海蛇，还有其他你叫得出名字的生物，皆由复杂的细胞构成。它们叫真核细胞，每个细胞有一个核（细胞核），核内含有携带生命指令的DNA，核外充填着胶状物（细胞质），是细胞代谢活动的主要场所，被细胞壁包围着。今天，地球上所有丰富多彩的复杂生命体，全都来源于几十亿年前两个单细胞生命的"结合"。

刘易斯·卡罗尔（Lewis Carroll）写的诗歌故事《猎鲨记》（*The Hunting of the Snark*）中，有一个人物叫

贝尔曼（Bellman），他曾说："不管什么事，只要我对你说三遍，它就是真的。"我知道类似的话我已经说过两遍了，第一遍是在标题里，第二遍是在第一段结尾，但我还是想再说第三遍，因为它真的太重要了，也太不可思议了：今天地球上所有复杂的生命体，包括我、你、香蕉，全都是一个单细胞的后代。我的意思不是说每个复杂生命都由一个受精卵发育而来，而是说它们都有一个共同的始祖——大约 20 亿年前全世界诞生的第一个细胞。所有植物、真菌、动物、藻类，均来源于同一个单细胞生物。进化生物学家很喜欢指出这一点：人类的细胞与蘑菇的细胞并无明显差异。尽管它们所属的有机体有着迥异的生活方式（除非你有奇怪的癖好），但是它们的工作机制都是相同的——翻译 DNA 指令，合成蛋白质。

有了这个颠覆认知的发现打头阵，后来的相关发现便显得寡淡许多，尽管它们本身也很令人震惊。第一个令人震惊的相关发现是，地球上还存在另外两种细胞，统称为原核细胞，它们与真核细胞不同，没有成形的细胞核[1]。一直到 20 世纪 70 年代，生物学家才弄清楚这两种单细胞生物（原核细胞都是单细胞生物）的区别。在那之前，所有原核生物都被归类到细菌，尽管他们发现了某些不寻常的细菌。随着细胞基因物质研究技术的进步，这些不寻常的"细菌"后来被分了出去，独立成界。生物学家认为它们比细菌还要古老，说不定是细菌的老祖宗，便将它们命名为"archaebacteria"（古细菌）。后来，当他们发现细菌出现的时间可能和古细菌差不多时，他们又摘掉英文名里代表"细菌"的后缀，将它们简称为"archae"（古菌）。尽管如此，这两类原核生物依然很容易让人产生混淆，因为 DNA 和 RNA 分析揭示了它们的起源一样古老，这又指向了另一个令人震惊的发现。

在格陵兰岛西南部一些有 38 亿年历史的岩石上，科学家们发现了与生命代谢活动有关的化学特征，从中找到了地球最初生命的证据，不过它们并不是真正意义上的化石，最早的化石是在今天的澳大利

---

1. 细胞核是真核细胞区别于原核细胞最显著的标志之一。（译者注）

亚发现的，记录着 32 亿年前的地球生命。总而言之，种种证据表明，地球上的生命大约起源于 40 亿年前，即地球形成 5 亿年后便出现了生命形式，并且出现了两次。

生物学家们仔细研究了古菌和细菌的内部结构，并揭晓了它们之间的区别。在最宏观的层面（就单细胞生物而言），它们只有不到三分之一的基因是相同的。在更为微观的层面，古菌的细胞壁不同于细菌。它们之间最显著的差异，在于 DNA 复制和细胞分裂的方法。它们使用相同的遗传密码，却用不同的方法复制它，产生的结果相去甚远。套用生物化学家尼克·莱恩（Nick Lane）的原话，这两种细胞竟然有着同一个祖先，怎么想都觉得"不合逻辑"。不管怎么说，它们虽然走上了独立的演化路径，但是它们一定起源于同一池化学温水，即"原始汤"，才会有许多相似性。莱恩和其他人的猜想是，它们的起源场所可能在地球早期的深海热液喷口周围，那里喷出的矿物成分为化学反应提供能量，催化了蛋白质和 RNA 等复杂物质的合成。像上一章讲的，这股源源不断的能量流足以让熵"逆向化"[1]，诞生出最原始的细胞。关于地球生命的起源还有几种不同的猜想，其中一个我在《科学七大支柱》中讨论过。无论这些猜想是什么，我们可能永远也无法知道复杂生命是如何来到地球上的，它是否真的出现了两次，还是说出现了两次以上，也许当时地球上还涌现了其他原始原核生物，只不过没有留下后嗣罢了。我们知道的是，从大约 40 亿年前开始，地球上一直生活着两类独立的单细胞生物，这意味着在这个适者生存的星球上，它们两个都是极其成功的生存者。相较于细菌，我们对古菌的认识仍十分有限，不过很多人都认为它可能是最古老的生命体，因此我们不妨单独夸一下这个深谙生存之道的祖宗。

　　细菌细胞直径一般是 0.2 ~ 2.0 微米，有些可能又细又长，古菌的大小也差不多。人们最早是在其他生物无法存活的极端环境中发现古菌的，比如温泉、盐湖。今天，我们知道它们分布广泛，无处不在，在海洋环境中尤其丰富，占海洋微生物的五分之一，

---

1. 生命由简单的细胞慢慢演化成复杂有序的系统，是熵减的过程。（译者注）

浮游生物中的古菌是地球上数量最大的生物群体之一。由于古菌群落的多样性，它们在调节一系列生态过程中发挥着重要作用，包括固碳和氮循环。它们也是真核生物"内部环境"（微生物）的成员，分布在我们的肠道、口腔以及皮肤等部位，参与了许多宿主的生理过程，在保持人体正常生理功能方面功不可没。目前已知的古菌都不会致病，这点倒和细菌很不一样。它们似乎非常擅长与别的生命形式和平共处，许多古菌是所谓的互利生物（mutualists），与其他有机体形成互惠互利的关系，对另一方无伤害作用，还有一些是共生生物（commensals），与其他有机体共同生活，对另一方既无帮助也无伤害，直接或间接地从共生的关系中获利。最典型的互利生物是史氏甲烷短杆菌（Methanobrevibacter smithii），大约占人类肠道中的原核生物的 10%，与其他肠道微生物互相作用，共同促进消化。除了人体肠道以外，它们也生活在其他物种体内，还会在代谢过程中产生甲烷，这点从它们的名字就可以看出来。更重要的是，它们与其他生物互利共生的自然趋势，透露出了另一个关键信息——为什么地球上会出现复杂生命。地球诞生至今的一大半生命史中，一直只有原核生物在唱独角戏，没有真核生物与其竞争"地球上最成功的生命形式"的头衔，直到某天突然发生了一件破天荒的事。

要是你以为在人类出现之前，自然界一派和气，所有生物相亲相爱，那你就大错特错了。即使是在只有单细胞生物的远古时期，各种生命形式也要为资源相互斗争，通过变异提高竞争力，适应更多生存环境，因此它们一直不断进化。在资源竞争中，一个细胞想要获得它所需要的补给，有一个办法是"吃掉"另一个细胞，或者说与另一个细胞融合，合并生存资源。今天我们知道，大约20亿年前，这样的事曾发生过，而且可能不止一次：某天，一个古菌突然"胃口"大开，"吞噬"了另一种特殊的细菌，这个细菌没有被消化掉，而是神奇地保留了自主性，与宿主形成一个内共生体，成为所有真核生物的祖先。与细胞起源一样，这样的合并可能上演了不止一次，但是今天地球上所有复杂生命的遗传信息如此相似，意味着也许只有一个合并体的后代存活了下来。

通过对活细胞的研究，我们一步步追根溯源，探索它们如何成为今天的形态，并寻找生命可能的起源。20世纪60年代末，美国生物学家林恩·马古利斯（Lynn Margulis）的重要成就推动了细胞起源的研究。她对线粒体尤其感兴趣，线粒体是为细胞加工能量的结构（细胞器），一般呈米粒状，在真核细胞中似乎具有半自主性。说得直白点，它们能够吸收细胞中的燃料（食物），使它们与氧气结合（燃烧），释放供细胞使用的能量（呼吸作用）。直到19世纪末，科学家才发现组成细胞的各种化学成分，并猜测它们起源于细胞内共生的细菌。植物细胞也存在相似的结构，比如植物细胞中有一种叫叶绿体的细胞器，它能够将光能转化成化学能，利用这些能量将水和二氧化碳等无机物合成有机物（光合作用）。后来，科学家发现叶绿体与蓝细菌（一种生活在水中的微生物）之间有许多共同特征，并猜测前者由后者演化而来。DNA研究技术的进步，为进化生物学家提供了一种强大的工具，让他们能够调查物种之间过去与现在的关系。他们发现线粒体和叶绿体拥有自己的DNA，而且它们的DNA与其寄生的细胞的DNA不一样，从而证明先前的猜测是对的。叶绿体与蓝细菌的DNA基本相同，线粒体的DNA与一组细菌的DNA也很相似，这组细菌包括引起伤寒的细菌（它们看上去八竿子打不着，但它们真的是亲戚）。不过，叶绿体和线粒体只继承其祖先的一部分 DNA，无法脱离细胞环境存活，这里所说的细胞环境主要由细胞核内的遗传物质控制。

马古利斯是共生假说的忠实拥趸者，认为共生关系是推动细胞进化的主要力量，并在《真核细胞的起源》（ *The Origin of Eukaryotic Cells* ）中总结了她的观点，提出真核细胞内的许多细胞器起源于原始原核细胞内的共生细菌。某些细胞器的起源至今没有定论，但是叶绿体和（对人类最重要的）线粒体的起源是毫无疑问的——它们的祖先曾无拘无束地生活在地球上，某天不知怎地就被其他细胞给吞并了。理查德·道金斯[1]曾这么概括马古利斯共生理论的重要性：

原始原核细胞与细菌共生形成了真核细胞的理论……是 20 世纪进化生物学取得的伟大成就之一，我对提出该理论的人肃然起敬。[2]

---

1. 理查德·道金斯（Richard Dawkins），1941 年生，英国著名演化生物学家、动物行为学家、科普作家。（译者注）

2. 详见《第三种文化：超越科学革命》（ *The Third Culture: Beyond the Scientific Revolution* , John Brockman, Simon & Schuster, 1995）。

　　研究刚起步时，马古利斯曾想当然地以为，真核细胞是不同细菌合并的产物，因为当时人们尚未认识到古菌的作用。今天，我们知道这场合并中的另一个主角其实是古菌。真核细胞的诞生，来源于两个走在独立进化路径上的单细胞生物的结合。

　　任职于伦敦大学学院（University College in London）的尼克·莱恩是共生理论的主要拥护者。在关于生命起源的雄辩中，莱恩提出了以下观点，这也是他对共生理论做出的实质性贡献："复杂生命的进化可能依赖于线粒体的出现，它们以某种方式触发了从单细胞到复杂生命的进化。"[1]莱恩之所以这么说，是因为有遗传学证据表明，除个别真核生物外，今天几乎所有真核生物都从拥有线粒体的祖先演化而来。想知道更深层次的原因，我们需要了解线粒体的作用，以及它们是如何维持细胞活动的。

　　从根本上讲，细胞以电为动力。你家中电线中流动的是带负电的电子，而维持细胞活动的却是带正电

----

1. 详见《至关重要的问题：为什么生命会如此？》（*The Vital Question: Why Is Life The Way It Is?*, Profile, London, 2015）。莱恩在书中提到的观点，来源于他与同事比尔·马丁（Bill Martin）的研究成果。

的质子，通过一系列生化反应从一个区域运送到另一个区域。正如人们经常从电路中的电流联想到水管中的水流，人们也经常从质子跨膜运输联想到泵，仿佛有泵在为它们提供驱动力。线粒体有两层膜（从祖先的原始细胞壁演化而来），内膜折叠成脊，大大增加了表面积，为生物化学反应提供场所，伴随着质子转移与能量转换，参与这些反应的能量携带分子叫三磷酸腺苷（ATP）。在这里，我不打算讲太多化学的东西，读者只需大致知道，有一组化学反应将质子泵至线粒体膜，以此储存（从食物中获得的）能量，当细胞需要能量时，质子朝反方向回流，释放细胞所需能量，就像水流推动磨盘转动一样。多亏了这些特征，细胞内的线粒体才能随时随地生产大量能量，而且"产能"十分稳定（这在我看来同等重要）。光从化学反应上讲，原核细胞控制能量供应的方法与真核细胞一样，只不过相关活动发生的场所变成了细胞壁附近，而它们的细胞壁并没有线粒体膜那样复杂的结构，因此无法"有求必应"地将能量传递到细胞各处。所谓"山不来就我，我便去就山"——为了获得能量，原核生物只能将遗传物质派去"电源"附近，即细胞的边缘。由于细胞需要基因控制机体各处的工作，这意味着它要沿着细胞边缘复制很多基因，这就造成了资源的浪费。

复杂生命体的细胞需要消耗大量能量。保持细胞活动（保持其活性）的关键是将储存在 DNA 遗传密码中的指令翻译为维持生命活动和构成机体所需的蛋白质。蛋白质翻译通常会消耗一个细胞四分之三的能量"预算"，不管它是原核细胞，还是真核细胞。基因越多，有机体就越复杂，但是能有多少基因，得看有多少能量可用。除此之外，细胞每次分裂都要复制基因组，将遗传信息遗传给每个子代细胞，这个过程也会消耗能量。一个典型的细菌约含 5000 个基因；最小的真核生物约含 20000 个基因；一个普通真核细胞含有的基因，比一个原核细胞要多 200000 个。基因数量差距如此悬殊，秘密就在于真核细胞能用到的能量更多，而这全是线粒体的功劳。假设每个基因需要的能量是一样的，那么一个真核细胞的可用能量就比原核细胞多了 200000 倍，而且无论何时何地，只要它需要就能获得能量。

随之而来的好处有很多。首先，这大大提高了细胞复制基因的产能。有了更多能量，细胞势必会复制更多基因。我们可以想象第一群真核生物疯狂复制基因的画面，仿佛变成了迪士尼动画电影《幻想曲》（*Fantasia*）里的魔法扫帚，一直在打水，永不停歇。但是，整个复制流程并非万无一失，偶尔也会有复制错误的时候，即发生基因变异，为新基因提供原材料，经由自然选择的筛选，留下适合环境的变异，生存繁衍下去。在这个过程中，每产生一个新基因，都需要消耗更多能量。不过，有线粒体这座"能量工厂"在，能量供应不足为虑，它们会源源不断地生产更多能量，加速生命进化的进程。其次，有了线粒体以后，基因组便不必紧挨着能量源，它们可以被"包装"进细胞核中，保护自己免受伤害，将其他空间留给细胞器，作为它们的工作场所。虽然我们不知道这究竟是怎么实现的，但是基因组被装进细胞核中，一定是受能量需求驱动的进化结果。与此同时，线粒体的祖先也进化了。它们丢弃了在宿主细胞环境外生存的基因，只保留与能量处理有关的基因，进化为更高效的"能量工厂"。这一系列进化过程的"最终产物"，就是今天我们所熟知的真核细胞。但是，"最初产物"是什么？进化生物学家为什么言之凿凿地说，今天地球上所有真核生物都起源于同一个祖先、同一个细胞？

莱恩的观点是（不是每个人都接受他的说法，但鄙人觉得挺有道理的），大约 20 亿年前（那时陆地上还没有生命），有一群古菌和细菌共同生活在海洋中，出于共同的利益，或者至少其中一方的利益，它们生活得离彼此很近，形成了亲密的共生关系。莱恩猜测其中一方可能以另一方的代谢废物为食，如果他的猜测是对的，那么受惠者（细菌）越接近其食物来源（古菌），就生长得越旺盛。某一天，一个细菌不小心凑得太近了，直接侵入了古菌体内，却（不可思议地）没有被消化掉。这样的入侵事件应该发生过不止一次。由于入侵者没有造成任何破坏，古菌便容忍了它的存在，而它也在古菌体内安居定所，茁壮生长，四周全是自己赖以为生的食物。随着它越来越离不开这个食物源，它逐渐丢弃毫无用处的基因，最终进化成一个纯粹的"能量工厂"。

有些人偶尔会将莱恩的猜想比喻为"原来如此的故事"（just-so story），取自鲁德亚德·吉卜林（Rudyard Kipling）的同名故事集，书中有许多关于万物起源的天马行空的幻想，没有哪个大人能说得清为什么，只能对孩子说"就是这样"。也许那些人说得没错，莱恩的猜想是有点天马行空，但我觉得它更像一个寓言，启发我们去思考生命可能的起源。重点是，在遥远的过去，确实有古菌与细菌合并了，合并的可能不止一对，最终留下后代的却只有一个，并演化出了今天已知的所有明显的真核特征。所有真核生物身上都有这些特征，包括被莱恩称作"超微型真核生物"（picoeukaryotes）的真核生物也是，它们是"微小但'五脏俱全'的细胞……和细菌一样小，有着与其大小成比例的细胞核，还有无比纤细的线粒体"。所有真核细胞都具有由双膜包裹的细胞核，以及笔直（线性排列）的染色体（真核生物的基因都紧密卷绕成DNA螺旋结构）；它们都采用相同的化学过程操纵细胞功能，而且都进行有性繁殖，这在它们的进化中起到至关重要的作用[1]。至于所有真核生物之间的亲缘关系有多密切，现代DNA测序技术早已给出了令人信服的证据，无须赘述。最后，在结束本章之前，我想指出一个经常被人忽视的线粒体的作用。

线粒体不只是简单地向细胞提供能量，它们还精确地控制能量的供应，这便绕回了混沌与复杂性的话

---

1. 详见《交配游戏》（*The Mating Game*, John Gribbin and Jeremy Cherfas, Penguin, London, 2001）。

题上。生命活动依赖持续的能量流，一股近平衡态的能量流。在真核细胞中，线粒体控制着能量的流动，如果流速太慢（犹如河水平缓地流过岩石），生命将趋向平衡，按部就班地走向终点——生物化学反应停止，细胞死亡。如果流速过快（如同急流拍打岩石），细胞将陷入混乱状态，打乱生物化学反应，结局依然是死亡。人类与所有真核生物一样，完全依赖线粒体在这两种死亡形式的钢索上维持微妙的平衡。

那么，关于宇宙其他星球上是否存在生命，这个故事给了我们什么启发？好消息是，如果地球一冷却下来，就有两种不同形式的单细胞生物横空出世，那么其他星球上存在生命的可能性一定很高。坏消息是，如果地球花了 20 亿年的时间，才等到两个原核生物偶然相遇，孕育出第一个真核生物，那么其他星球上存在复杂生命体的可能性一定很低，也许比我们所想的还要低。在这一场偶然的"邂逅"中，两种不同形式的原核细胞将各自独特的基因带入合并体，赋予了原始真核生物更复杂的基因组及其进化所需的原材料。如果需要两种不同形式的简单细胞相结合，才能创造出原始的复杂生命，继而演化出人类这样的智慧生命，那么其他星球上存在与我们相似的复杂生命的可能性就微乎其微了。即使放眼整个宇宙，人类的出现也堪称奇迹。就算其他星球上真的存在复杂生命，也不一定是人类这样的智慧生命。真核生物演化了 20 亿年，经历一系列超乎想象的环境变化与机缘巧合，才从森林古猿一路进化为智人。

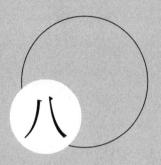

八

人类在冰期中成长

地球生命的进化一直受环境和气候变化的影响，约 6500 万年前发生的一次惊天动地的大事件，或者说是一系列大事件，终结了恐龙的统治。今天，我们几乎可以肯定"恐龙灭绝案"的罪魁祸首是一颗撞击地球的巨型陨石。除此之外，也有一些"从犯"起到辅助作用。恐龙灭绝后，哺乳动物开始崛起，为人类起源创造了条件。因此，这是我们了解自身起源的绝佳起点。在 20 亿年的真核生物进化史中，6500 万年只占了 3% 多一点儿，意味着第一个真核生物登场后，生命演化了近 97% 的时间，才迎来这一颗让哺乳动物崭露头角的陨石。

各种地质学证据表明，恐龙灭绝后的 6000 万年间，哺乳动物迅速多样化，填补上恐龙让出的生态位。与此同时，大陆分裂并漂移，不仅改变了地球表面对太阳辐射的吸引与反射，还改变了洋流的流向，导致地表气温缓慢下降，且出现不均匀性。到了大约 400 万年前，气温变化达到临界点。

有地质学证据表明，6500 万年前地球上没有大面积的冰盖，只有高山上可能存在季节性降雪，直到大约 1300 万年前，南极大陆缓慢漂过南极点，形成覆盖东南极洲的冰盖，才改变了这种情况。到了 1000 万年前，阿拉斯加山脉覆上了小型冰川。大约 600 万年前，向北方漂移的澳大利亚大陆和南美大陆为强大的南极环流（南极绕极流）让出通道，形成一个环绕南极洲的巨大水圈，将温暖的海水阻挡在外，使南极大陆完全封闭，保留巨大冰盖，常年冰封。北半球的情况可就不同了，起初暖水流向北极，使北冰洋不结冰。后来，亚欧大陆和北美大陆漂移到今天的位置，环抱住北冰洋，导致暖水流动受阻，大大减少了流向北极的暖流，使北冰洋开始结冰。于是，南半球有一个终年被冰雪覆盖的大陆，北半球也有一片常年被冰雪覆盖的海洋。大约 360 万年前，北冰洋周围的陆地上出现大规模冰川活动，世界进入冰河期，冰原时而扩张，时而后退，但是不曾完全消失。大家可能以为极地区域被冰雪覆盖是很正常的现象，但这实际上极其罕见，在地球漫长的历史中或许是绝无仅有的奇观。除此之外，南北半球出现不同类型的冰川活动，也是一件概率极低的事。异乎寻常的北半球冰盖，使得整个世界对气候波动极其敏感，而气候变化又是推动人类演化的关键。人类在冰河期迅速进化绝不是巧合，背后的推手不是寒冷，而是干旱。

冰河时代也是干旱时代。因为寒冷，水被锁在冰盖中，无法进入海洋，因此冰盖越厚，海平面就越低[1]。600万年前左右的南极冰盖比今天厚几百米，大量海水被锁在极地冰盖中，海平面比今天低50米左右，海水无法经由直布罗陀海峡流入地中海，因此地中海曾是干涸的；更准确地说，由于冰盖的消长，地中海时而干涸，时而被海水淹没。今天的奥地利曾是一片沙漠，成因与全球变冷有关，因为当世界

---

1. 浮冰对海平面没有影响，因为它本来就在海上，排开水的体积就是它本身的体积。

变冷时，海水蒸发减少，降水量也随之减少。由于海平面更低，海岸线向海推移，大海与内陆离得更远，来自海洋的潮湿大气便更难深入奥地利之类的内陆。冰河期干旱对非洲东部森林的影响，对人类起源起着更关键的作用。北极冰盖的消长虽对非洲东部气温的影响不大，对降水量的影响却很大。稍后我会解释为什么冰盖时消时长，但是不管成因是什么，结果是在过去的几百万年里，非洲东部在多雨与少雨之间交替，生灵也一直徘徊在饥饱交替的循环之中。

根据以往的经验教训，我学会了谈论人类进化路线时要慎言，尽量别说太多细节，因为专家们一直在挖掘新证据，隔三岔五就修改一下路线图中的细枝末节，不过基于化石和 DNA 测序得出的大体路线是不变的。我们需要关心的是人类的始祖与其近亲分化后的演化路线。人类始祖与其近亲，即被称为"大猩猩"（gorilla）和"黑猩猩"（chimpanzee）的非洲猿猴[1]，同属人科。人科除了人类外，还包含了人类远亲和许多猿猴。粗略地算，人类在 400 万 ~ 350

---

1. 在一个合理的分类系统中，人类其实应该被并入非洲猿猴，但这是人类自己做的分类系统，因此我们给自己单独拉了一条线。

万年前分化出来，有一些证据表明大猩猩率先分化，接着人与黑猩猩才分化。从地质学上看，这与南极大陆漂移到南极点以及非洲东部气候开始变迁的时间惊人地接近。只要将各个领域的证据结合在一起，我们就能很明显地了解到，在后来的几百万年里，生活在非洲东部森林中的一个原猿物种分化出三个关系密切的不同猿系，此时地球气候正经历剧烈变化，科学家从中得出一个合理的猜测，即生物进化是其对环境变化做出的反应。

他们会这么想倒也不难理解。一旦干燥少雨，森林面积就会缩小，食物供应锐减，生存竞争加剧。我有必要从生物进化的角度强调一下，这里说的"竞争"指的是物种内的竞争，而不是物种间的竞争。比如当狮子猎杀鹿时，狮群内部为猎物而竞争，鹿群内部为逃出狮口而竞争。结果就是狮子的捕猎能力一代比一代强，鹿的奔跑能力一代比一代高，因为捕不到猎物的狮子饿死了，跑得慢的鹿被吃掉了。在日渐萎缩的森林里，擅长攀爬的猿猴采摘到更多水果，得以存活下来，比竞争对手繁衍更多后代。对于不擅长攀爬的猿猴，森林的边缘地带另有生机。它们被排挤到森林外，不得不走上草地，另辟蹊径。

那些更能适应新环境的猿类，比如更擅长直立行走的猿类，在草地上生活得更好，留下了许多后代。这就解释了是什么驱使我们从猿类中分化出来，并演变成今天的人类。

在人科成员中，谁是谁的直接祖先并不总是清楚的，但是第一个被归入人属的是能人（Homo habilis），生活于大约 250 万年前的非洲东部，能够直立行走，体格矮小，身高 1.2 米左右，头颅相对较大，脑容量为 675 立方厘米，约为人属下现代物种智人（Homo sapiens）的一半。150 万年前，直立人（Homo erectus）出现了，身高 1.6 米左右，脑容量为 925 立方厘米，起源于非洲，后来扩散至亚洲。50 万年前，直立人进化为智人，即最终扩散至各个大陆的现代人。

同一时期的环境变化较复杂，并非简单地变得更冷，或者更干燥。这些变化伴随着人类进化的发生，甚至可能决定了人类进化的方向。地质记录显示，过去几百万年的冰河期分成了多个冷热交替时期，先是冰盖扩展，进入持续约 10 万年的冰期，接着气候转暖，冰盖退缩，进入持续约 1 万年的间冰期。几乎所有人类文明都涌现于末次间冰期，但是地球至今仍处于一个大冰期之中。在非洲东部，这意味着当地球进入为期约 10 万年的冰期时，森林萎缩，生存艰难；在森林的中心地带，成功的树栖者基本不受影响，可以维持现有的生活方式，但在森林的边缘地带，许多个体承受着巨大的生存压力，相继死去，幸存者越来越顺应环境，但是数量非常小，濒临灭绝。这时，地球迎来约 1 万年的间冰期，森林重新变得富饶，食物多了起来，幸存者得以喘息，大量繁衍后代。冰川周期每循环一次，就会大大推动生物进化进程。

在森林与草原的交界处，哪些生存特征会在冰川旋回中突飞猛进？答案是适应性与智力，前者显然更重要。有些动物跑得比我们快，有些游得比我们快，有的爪子更有力，有的牙齿更擅长撕咬，有的胃肠更适应消化植物。前面说的这些特征，正是资源稀缺、竞争激烈的生活环境所需的生存特征，而我们正好样样具备，虽说不是最强的，但也不差。智力则是一项锦上添花的特征，尤其是对哪儿能找到食物的预判能力。如果森林总是很富饶，冰期不曾出现过，人们也就不需要这些特征了[1]；反过来说，如果没有

1. 我的意思是，它们便没有了自然选择的压力。

间冰期缓解干旱，被赶到森林边缘的古猿可能还没来得及提高生存力，就已经灭绝了。因此，冰期旋回造就了人类。

这不是猜想，而是事实，有确凿的证据表示，地球气候确实表现出冰期与间冰期交替的规律。大量地质遗迹揭示了冰河时期的发展全貌，有的持续数千万年乃至上亿年。过去几百万年的地质记录让我们看到了最近一次大冰期的细节，它们来自碳和氧等元素的同位素，被封存在南极冰川中的气泡里，或以碳酸盐的形式存在于早已死去的生物壳体中，深埋在海底淤泥中。从冰或泥中钻取的岩芯包含了逐年沉积的地层样本，越深入岩芯，就越接近久远的过去，不同地层的年龄都可以用各种技术测定，由于篇幅有限，这里不作赘述[1]。同位素保存了过去的气温记录，因为它们在空气中的比例，乃至气泡或壳体中的比例，取决于当时的气温。例如，氧18比氧16重，含有氧18的水更难从海洋中蒸发。深海沉积物的碳同位素比例，也揭示了这些沉积物形成时的气温。

---

1. 详见约翰·英布里（John Imbrie）、凯瑟琳·英布里（Katherine Imbrie）的《冰河时期》（*Ice Ages*, Harvard University Press, 1986）。

类似的技术也被用于冰芯，测定过去的气温。结果显示过去几百万年来，地球气候经历了复杂的周期性变化。20 世纪 70 年代中期，科学家破解了这些变化背后的规律（功率谱分析的功劳），将它们归结为三次大冰期，以及一些小冰期，正是它们导致了冰期与间冰期的周期性循环交替。这一发现并不令人意外，因为早在科学家找到确凿的地质证据之前，并且早在我们弄清楚人类起源之前，就有人预测到了这个规律。

这个伟大的"预言家"就是 19 世纪的苏格兰科学家威廉·克罗尔（William Croll），后来由塞尔维亚的地球物理学家米卢廷·米兰科维奇（Milutin Milankovitch）继承他的"衣钵"，煞费苦心地计算出日射量与地球气候之间的关系。第一次世界大战期间，米兰科维奇沦为奥匈帝国的战俘。即使成为阶下囚，他也不曾荒废学术，靠纸和笔做了大量计算，最终成果有时被称为"冰期成因天文理论"，或者简称"米氏模型"。他认为，地球长期气候的周期性变化，完全取决于地球今天独特的地理环境。由于北冰洋被冰雪覆盖，而且几乎完全被陆地包围，每年冬天北半球高纬度地区都会下雪，覆盖住陆地。因为现在是间冰期，积雪到了夏天会融化。如果是在冰期，积雪到了夏天也不融化，那会怎么样？雪是白色的，反射率很高，不管多厚或多薄，它都会反射太阳辐射，令全球气温下降；到了第二年冬天，气温比往年更低，于是雪下得更多，北方降雪往南推进；长此以往，在极短的时间内（以地质时间为尺度），冰盖向上和向外扩张，形成正反馈循环，地球进入漫长的冰河期，除非发生重大变化，打破这个反馈，否则它就会一直持续下去。不过，这一切不可能发生在海洋上，因为海水温度高于冰点，雪一碰到海水就化了。真正让人困惑的，不在于为什么会出现冰期（鉴于北半球的地理特征，形成冰期是很自然的事，而南极洲本就是永久冰封的），而是为什么会出现间冰期。这时，米兰科维奇与继承其理论之人的计算公式可就派上用场了。

间冰期形成的关键不是冬天有多冷，而是夏天有多暖。当地球上接连出现温暖的夏天时，冰盖边缘会开始融化，露出黑暗的地表，吸收更多太阳辐射，形成加速冰川融化的反馈过程，推动冰期结束。巧的是（没学过天文学的人可能会很惊讶），季节之间的热平衡确实朝着这个方向变化，背后的推手是地球轨道的变化以及地轴的摆动变化。米兰科维奇用手算了好多年才得到这个结果，当时离第一台计算机问世还有好几十年。

有了前文的铺垫，这时再告诉你驱动冰期循环有哪三大因素，你就不会太惊讶了。最长的冰川周期与地球轨道有关。由于太阳系中其他天体的引力作用，地球轨道的形状每 10 万年就会从微椭圆形变成近乎圆形。目前的轨道是近乎圆形的（偏心率接近零），但是在几万年前，它曾是偏椭圆形的，偏心率约 6%。另一个因素是地轴摆动导致的岁差，用一条线连接地球的南北极，再用另一条线连接地球中心与太阳中心，你会发现这两条线并不是垂直的，而是形成了约 23.4°的夹角。正如我在《奇观·一》中提到的，地轴倾斜造成了季节更替。当北极朝向太阳时，北半球是夏天；6 个月后，北半球进入冬天。当然，南半球的季节与北半球是相反的。在单一轨道上，北天极总是"指向"天空中的同一个地方（恒星背景中的同一个地方），但是它也会在天球上沿一个小圆绕黄极作缓慢移动，周期大约是 2 万年。

除此之外，在更长的周期上——大约 4.1 万年，地轴倾斜角也会变化，在 21.8°~ 24.4°徘徊。目前的倾斜角大概在这两个极端的正中间，并在过去的1万年里逐渐缩小，意味着四季差异越来越小。1万年前，地轴倾斜得更厉害，四季差异也更大，因此上一个冰期刚结束，当前的间冰期刚开始，并不是巧合。虽然不管倾斜角是多少，地球每年从太阳获得的总热量是相同的，但是间冰期出现的关键是北半球的夏天有多暖，而不是冬天有多冷。

今天，用现代计算机进行一切计算，并纳入一些微小的影响因素，你会发现北半球夏季接收的辐射量，非常匹配从冰芯和深海岩芯测到的冰期与间冰期的交替周期。关于冰期成因的天文理论是正确的。

但这并不是结局。是什么控制着地球的倾斜和摆动？答案是月球。正如前文提到的，如果没有月球的稳定作用，地轴可能剧烈摆动，倾斜到85°，导致气候极端波动，生物难以进化。多亏了月球，地球气候才能拥有米兰科维奇预言的周期性变化，推动森林古猿进化成人。用这一奇观作为本章的结语，再适合不过了。

补充读物

不难：

玛西亚·芭楚莎：《爱因斯坦的未完成交响曲》（Marcia Bartusiak, *Einstein's Unfinished Symphony*, Yale University Press, 2017）。

约翰·格里宾：《深奥的简洁》（John Gribbin, *Deep Simplicity*, Penguin, London, 2005）。

约翰·英布里、凯瑟琳·英布里：《冰河时期》（John Imbrie and Katherine Imbrie, *Ice Ages*, Harvard University Press, 1986）。

劳伦斯·克劳斯：《无中生有的宇宙》（Lawrence Krauss, *A Universe From Nothing*, Free Press, New York, 2012）。

詹姆斯·洛夫洛克：《盖亚的复仇》（James Lovelock, *The Revenge of Gaia*, Allen Lane, London, 2006）。

有点难：

尼克·莱恩：《至关重要的问题》（Nick Lane, *The Vital Question*, Profile, London, 2015）。

理查德·韦斯特福尔：《永不止息》（Richard Westfall, *Never at Rest*, Cambridge University Press, 1983）。

很难：

查尔斯·米什内尔、基普·索恩、约翰·惠勒：《引力论》（Charles Misner, Kip Thorne, and John Wheeler, *Gravitation*, Princeton University Press, 2017）。

帕德马纳班：《最初的三分钟后》（T. Padmanabhan, *After the First Three Minutes*, Cambridge University Press, 1998）。

虚构类：

约翰·格里宾、马库斯·乔恩：《双行星》（John Gribbin and Marcus Chown, *Double Planet*, Gollancz, London, 1988）。

鲁德亚德·吉卜林：《原来如此的故事》（Rudyard Kipling, *Just So Stories*, Wordsworth Children's Classics, London, 1993）。

致 谢

首先，我要再次感谢查理·芒格基金会（Alfred C. Munger Foundation）为我提供资金支持，感谢萨塞克斯大学为我提供科研的条件和创作的土壤。

每当我创作一本新书时，玛丽·格里宾（Mary Gribbin）总会为我把关，确保它不会被写成一本晦涩难懂的"天书"。这本书也一样经过她的"法眼"，为此我对她感激不尽。如有错误之处，均为鄙人不才。

图书在版编目（CIP）数据

奇观：月球之谜、宇宙之始及生命的起点 / (英)
约翰·格里宾著；张玫瑰译. — 北京：北京联合出版
公司，2022.8（2022.10重印）

ISBN 978-7-5596-6099-2

Ⅰ.①奇… Ⅱ.①约… ②张… Ⅲ.①科学知识—普
及读物 Ⅳ.①Z228

中国版本图书馆CIP数据核字(2022)第049123号

北京市版权局著作权合同登记 图字：01-2022-2094
EIGHT IMPROBABLE POSSIBILITIES by John Gribbin © 2021 John and Mary
Gribbin
Simplified Chinese edition copyright © 2022 by Beijing Guangchen Culture
Communication Co., Ltd.
All Rights Reserved

奇观：月球之谜、宇宙之始及生命的起点
Eight Improbable Possibilities: The Mystery of the Moon, and Other Implausible
Scientific Truths

作　　者：［英］约翰·格里宾
译　　者：张玫瑰
责任编辑：高霁月
出 品 人 ：赵红仕
封面设计：少　少
内文制作：泡泡猪

北京联合出版公司出版
（北京市西城区德外大街83号楼9层　100088）
北京联合天畅文化传播公司发行
文畅阁印刷有限公司印刷　新华书店经销
字数77千字　880毫米×1230毫米　1 / 32　5印张
2022年8月第1版　2022年10月第3次印刷
ISBN 978-7-5596-6099-2
定价：42.00元